Frédéric **Ploton** / illustrations Lucile **Gomez**

# Heureux comme mon chat

## Petit traité de sagesse féline à l'usage des humains

Perles de jouvence

**Du même auteur :**

*N'oublie pas d'aimer*, 2012
*N'oublie pas d'être heureux*, 2012
*Petit cahier d'exercices du Kama-Sutra*, 2010
*1001 signes pour décoder le quotidien*, 2009
*Les secrets du désir amoureux*, 2009
*Orgasmes : mode d'emploi*, 2008
*Zones érogènes : mode d'emploi*, 2008

**Catalogue gratuit sur simple demande**

Éditions Jouvence
France : BP 90107 – 74161 Saint-Julien-en-Genevois Cedex
Suisse : CP 184 – 1233 Genève-Bernex
Site internet : www.editions-jouvence.com
Mail : info@editions-jouvence.com


ISBN 978-2-88911-299-9

Illustration de couverture et intérieures : Lucile Gomez
Maquette de couverture et intérieurs : Stéphanie Roze

# Sommaire

# Avant-propos :

## Que celui qui n'a jamais envié un chat me lance la première croquette !

Les amoureux des chats le savent et le disent autour d'eux à l'envi : il n'y a pas plus apaisant que la présence de ces petits félins dans notre environnement humain. Le chat n'est peut-être pas aussi affectueux et malin qu'un chien, pas aussi mignon et doux que les lapins nains, il n'a pas le pouvoir hypnotique du poisson rouge dans son aquarium… mais il suffit de le contempler quelques instants, ou de détecter sa présence dans la pièce où nous nous trouvons, pour ressentir une étonnante sensation de bien-être.

À quoi cela est-il dû ? Nos amis les chats seraient-ils détenteurs d'un secret de sagesse, de nous inconnu ? De fait, depuis la plus haute Antiquité, en particulier en Égypte, le chat est synonyme d'équilibre, de grâce et de paix intérieure. Avatar du dieu Ré, incarnation de la déesse Bastet, le chat fut domestiqué pense-t-on autour du III^e^ millénaire avant notre ère, quelque part dans la région du delta du Nil. Avant

d'être le compagnon doux et gracieux que l'on connaît aujourd'hui, il était considéré comme un outil de protection du foyer : chasseur de rongeurs, il préservait alors les récoltes de grains, stockées dans des silos, de tous les parasites susceptibles de les décimer. En cela, le chat garantissait à ses maîtres la pérennité de leurs ressources alimentaires. Un gage de survie à lui seul.

Est-ce donc parce qu'ils nous rassurent que les chats produisent sur nous cet effet relaxant ? Où est-ce encore autre chose ? Ce mélange captivant de nonchalance et d'animalité à l'état brut ne nous apparaît-il pas, au regard de nos existences à la fois si stressées et si policées, comme un idéal de vie ? Combien de fois nous sommes-nous dit, contemplant le matou de la maison dans sa longue sieste de l'après-midi, avec une petite pointe de jalousie attendrie : « Ah, vraiment, de nous tous, c'est lui qui a la belle vie ! »

C'est ce mystère que ce petit ouvrage cherche à percer. Pourquoi les chats semblent-ils si épanouis, si bien dans leur pelage ? Et, au-delà, quels enseignements pouvons-nous tirer de leur observation, nous qui sommes si pressés, coincés entre tous nos impératifs, parfois même déprimés ? Quels éléments de la vie féline pouvons-nous tenter d'introduire dans la nôtre pour y incorporer un peu de leur sagesse animale… et ronronner de bonheur avec eux ?

# 1 - Libre

Moi,
et pas un chat.

Oui, le chat est libre. Autonome. Indépendant. C'est un lieu commun de le dire et, par le fait même de sa domesticité, c'est une vérité toute relative. Car s'il existe des chats errants, cet animal dépend bien de l'homme, s'il prétend atteindre un niveau satisfaisant de confort, qu'il s'agisse de lui fournir un habitat digne de ce nom, un lieu de référence où il peut revenir après ses longues balades, de le nourrir de manière régulière et abondante, ou de lui prodiguer ces soins élémentaires qui rendront son quotidien plus agréable (vaccinations, traitements antiparasitaires, etc.).

Pourtant, même chez les chats les plus sédentaires et les plus câlins, cette indépendance fascine. Et suscite en nous admiration et envie.

-1-

# Cultiver son indépendance

Alors d'où vient donc cette réputation d'indépendance, qui colle mieux aux poils du chat que la plus tenace des poussières ?

La raison principale provient de la période de familiarisation avec les autres espèces, au cours des premières semaines de vie du chaton, qui est très courte, environ de la deuxième à la septième semaine suivant la naissance. Si le bébé chat n'est pas suffisamment pris en main, câliné et apprivoisé à ce moment-là, alors il conservera durablement une forme de défiance vis-à-vis de tout ce qui n'est pas félin.

En outre, même au sein de sa propre espèce, le chat ne se socialise pas aussi facilement que d'autres mammifères. Hormis des bandes de chats femelles, il est rare de voir cet animal vivre en communauté constituée avec ses congénères, à moins que son maître humain ne l'y contraigne. Parce qu'il est capable de subvenir seul à ses besoins élémentaires (se nourrir par la chasse, se nettoyer lui-même, se trouver un abri), le chat conserve par nature un tempérament solitaire. Cela ne l'empêche pas de cultiver des relations sociales et d'en tirer agrément et profit. Mais disons que là où un chien dépérira de se retrouver seul, un chat pourra survivre en pareilles circonstances, à défaut de s'y épanouir.

## Pourquoi devenir « chat » à mon tour ?

Ainsi peut-on dire que, chez le chat, l'indépendance est moins un choix raisonné ou farouche qu'une capacité assumée. C'est en cela que nous pouvons nous inspirer directement de son mode de vie. Pourquoi ?

**Parce que dépendre matériellement des autres est un obstacle :** difficile en effet de mener à bien les projets qui nous motivent, d'emprunter les chemins qui nous attirent, notamment professionnels, quand on dépend des autres pour subvenir à nos besoins premiers. En me demandant constamment, à l'image du chat, comment je peux effectuer les choses par moi-même, plutôt que de solliciter systématiquement l'assistance des autres, je me donne donc les capacités d'atteindre mes objectifs. Ne rien devoir à personne, c'est être cent pour cent responsable de ses réussites comme de ses échecs, jouir pleinement des premières et assumer les seconds. Être maître de son destin.

**Parce que dépendre émotionnellement des autres, et du regard qu'ils portent sur nous est une faiblesse :** pour rester dans le monde animal, on le mesure à la douleur ressentie par un chien abandonné par son maître. Il est si dépendant de l'affection de ce dernier, que son monde tout entier s'écroule si ledit maître vient à faire défaut. Le chat n'est pas insensible pour autant. Lui aussi goûte et recherche les marques d'attachement. Mais, s'il en est subitement privé, il parvient la plupart du temps à surmonter cette épreuve, et à trouver en lui-même les ressources nécessaires à sa survie.

De même, aucun des regards qui se posent sur nous, même bienveillants, ne devrait compter au point soit de nous inhiber totalement, soit de nous détruire si nous en sommes soudain dépossédés.

## Exercice pratique de félinité : Calme comme un sphinx

La prochaine fois que l'un de vos proches, famille, ami ou collègue, vous encense ou au contraire vous accable de reproches, une fois l'excitation retombée, effectuez l'exercice félin suivant :

- placez-vous dans une position confortable, favorable à la détente, assis de préférence,
- effectuez une respiration abdominale profonde, et la plus lente possible,
- à intervalle régulier, au risque de surprendre votre interlocuteur, fermez les yeux entre deux et cinq secondes,
- à chaque argument de votre interlocuteur, positif ou négatif, exprimez à haute voix une qualité ou un défaut qui vous semble propre, et qui vient tempérer son appréciation.

## Proverbe félin (pour éclairer l'humain) :

*En ménageant sans cesse le regard et le jugement des autres, on ne contente jamais personne, pas même soi.*

-2-

# Savoir dire non

Figure dite du «Non, non et non».

Modèle supposé de patience, le chat sait néanmoins poser des bornes à sa tolérance. Une fois que les règles de sa relation à autrui sont établies, il n'en change pas si facilement, et surtout n'y déroge pas à la moindre occasion.

Deux causes expliquent pour l'essentiel ce comportement volontiers rétif, pour partie à l'origine de sa réputation de caractère peu malléable :

- Le chat intègre rapidement le souvenir des expériences aversives : c'est-à-dire que tout événement perçu comme désagréable est instantanément inscrit dans sa mémoire, et désormais évité par tous les moyens. De cet instinct est né le proverbe populaire : « Chat échaudé craint l'eau froide. »
- L'apprentissage est souvent long et difficile chez le chat : conséquence du point précédent, si par malheur le chat ressent négativement un nouvel élément dans son cadre de vie, il sera difficile d'infléchir sa perception première, et de le faire « changer d'avis ».
- A contrario, le chat sait exprimer ses besoins urgents ou impérieux sans craindre de réclamer. Le cas échéant, il sait exiger son dû, et demander à la vie ce dont il a réellement besoin.

## Pourquoi devenir « chat » à mon tour ?

Il ne s'agit pas, tel un chat non domestiqué, resté ou rendu à l'état sauvage, de s'opposer à tout par principe. Tout individu ou tout événement qui se présente à vous doit avoir droit à une deuxième chance. Néanmoins, voici deux vertus que vous pouvez tirer, pour votre usage personnel, du comportement félin :

- Comme le chat, je refuse ce qui fait écho à des expériences malheureuses : en cela, j'évite les schémas de répétition dans lesquels certains s'enferrent encore et encore. Si une personne m'a déjà blessé deux fois, j'évite de m'exposer à ses piques une troisième fois. Je n'attends pas l'agression de trop avant de mettre le holà.
- Comme le chat, j'établis mon propre système de valeurs, en fonction de mon expérience, et hors de tout cadre institué : si je résiste aux règles et aux normes qu'on cherche à m'imposer, ce n'est pas par bête esprit de contradiction, mais :
  - pour avoir le temps d'évaluer si oui ou non elles sont bonnes pour moi, et déterminer ce qu'elles m'apportent concrètement,
  - pour avoir le temps de les intégrer, d'y adhérer par l'expérience, et non par soumission ou conformisme.

## Moi aussi, je parle chat

Comme nous aurons l'occasion d'y revenir, le chat est l'un des animaux dont la palette d'expressions, attitudes physiques ou inflexions vocales, est la plus large. Un chat adulte possède ainsi en moyenne vingt-trois modulations de sa voix, qui lui permettent d'exprimer la variété de ses réactions, sensations et sentiments. Ainsi le chat exprime-t-il son désaccord de manière tout à fait explicite : balayage de la queue de gauche à droite, comme pour dire non ; oreilles dressées tout droit comme pour dire stop ; miaulement strident.

À votre tour, apprenez à dire non de manière ferme et néanmoins sans agressivité :

- mouvement latéral de la tête sans ambiguïté,
- main levée à plat devant vous,
- le mot « non », dit une seule fois, mais de manière distincte, éventuellement précédé d'un « désolé, mais… ».

## Proverbe félin (pour éclairer l'humain) :

*Dire oui à tout, c'est dire non aux seules choses qui comptent vraiment pour nous.*

-3-

# Investir pleinement son espace

Quels que soient votre âge et votre maturité, vous avez sans doute déjà compris que la liberté, ce n'est pas faire n'importe quoi, n'importe comment et encore moins n'importe où. Certains d'entre vous se souviennent peut-être, à ce propos, de la sage sentence qui conclut *Candide* de Voltaire: «Il faut cultiver notre jardin.»

Le chat, dans sa clairvoyance innée, acquiert dès le plus jeune âge la faculté de maîtriser et d'occuper jusqu'aux moindres recoins l'espace de vie qu'il s'est donné. C'est pourquoi, plutôt que d'explorer ou conquérir le vaste monde, le chat se donne pour objectif premier de définir ce qui sera son «territoire». Il ne s'agit pas d'en être le prisonnier. Mais simplement de définir ET baliser celui-ci, de telle sorte que les évolutions futures y seront source d'efficacité, de confort et de réassurance, et non de constante mise en péril.

Oui, le chat commence par repérer l'espace de vie qu'on lui donne ou qu'il élit lui-même, afin de le circonscrire, d'en établir les limites. Une fois celles-ci posées, et donc connues, il découpe ce champ en fonction de ses différentes activités. Ainsi désigne-t-il cinq zones prioritaires, qui doivent répondre à ses cinq besoins fondamentaux: une zone d'alimentation, une zone de repos, une zone de repli et de protection, une zone d'élimination et une zone de détente. Vous me direz que l'humain ne fait pas autrement en attribuant à chaque pièce de son habitat un nom et une fonction précise. La chambre pour dormir, la cuisine pour manger, les toilettes pour éliminer, le salon pour se détendre, etc.

## Pourquoi devenir « chat » à mon tour ?

Mais là où le chat nous est supérieur, c'est dans sa capacité non seulement à investir cet espace — d'où sa formidable capacité d'adaptation à tous les lieux de vie, ou presque — mais aussi à baliser celui-ci et, ce faisant, à ritualiser la manière qu'il a d'y vivre. En effet, une fois installé, le chat dépose des signatures chimiques (en frottant ses joues, son front, ses coussinets, ses flancs et sa queue, riches en glandes productrices de phéromones) à chaque étape de ses parcours ordinaires. De la sorte, à chaque fois qu'il réemprunte ce même chemin, il est rassuré sur le fait qu'il est pleinement chez lui, ce qui lui procure un sentiment de sécurité et de bien-être.

Quel rapport avec nous, me demanderez-vous ? Nous n'allons pas nous mettre à quatre pattes et nous frotter aux meubles pour nous sentir à l'aise quand même ! Bien sûr que non. Cependant, trois choses peuvent être retenues et appliquées à notre quotidien, lesquelles correspondent, ô surprise, aux recommandations des spécialistes de la psychologie dite « positive » :

**Cerner un champ d'activité déterminé :** vous l'aurez compris vous-même, il ne s'agit pas d'appliquer à la lettre la stratégie féline du marquage de territoire, mais bien de transposer celle-ci aux activités humaines. Or, qu'est-ce qui définit le mieux l'homme, si ce n'est le champ d'activité, professionnel ou non, dans lequel il a choisi de s'ébattre ? En cela, le chat est un exemple à suivre, par cette capacité qu'il a de focaliser toute son énergie et son attention sur le champ qu'il a délimité et, à l'intérieur de celui-ci, sur l'une de ces zones d'activité. À son image, l'homme gagne en sérénité et en sagesse lorsqu'il est parvenu à déterminer l'occupation, ou le type d'activité, dans laquelle il se révèle le plus performant et à s'y consacrer en pleine conscience.

**Ritualiser les activités performantes et/ou plaisantes :** à l'instar du chat, l'humain « n'occupe » pleinement son champ d'activité, tel que défini au préalable, que s'il l'investit de manière ritualisée. N'effectuer un travail qu'une seule fois et sans méthode apporte peu de plaisir. En revanche, le répéter plusieurs fois et en suivant un protocole précis, lequel permet de progresser peu à peu, et d'oublier ces mêmes règles, est source d'un contentement bien supérieur. Aristote, qui avait dû être chat dans une vie antérieure, disait déjà, il y a plusieurs millénaires : « Nous sommes ce que nous faisons de manière répétée. Aussi l'excellence n'est-elle pas un acte, mais une habitude. »

**Apposer sa marque :** le chat l'a bien compris, et vous aussi si vous y réfléchissez un peu. On ne peut réellement apprécier une activité donnée, qu'elle soit librement consentie ou imposée, que si l'on y appose sa marque.

**Se donner des objectifs précis :** le parcours du chat à travers la maison, qui vu de l'extérieur peut sembler hasardeux, répond généralement à un objectif bien défini : manger, sortir, se protéger, s'éloigner d'une source de gêne ou de danger, se soulager, etc. De même, l'homme qui s'abîme dans son activité peut paraître « déconnecté du monde », alors même qu'il façonne celui-ci par son action et sa concentration. En un sens, il se crée *son monde*, et n'en est que plus épanoui.

**Transformer les contraintes en source de plaisir :** ainsi, quand un individu maîtrise non seulement le contexte dans lequel il évolue, mais aussi l'activité qu'il y pratique, il peut agir de manière plus libre, plus instinctive, dans une forme de lâcher-prise qui mue les contraintes initiales en autant d'occasions de ressentir bien-être et sécurité. C'est pourquoi même un cadre de vie ou d'activité qui nous a été imposé peut devenir un lieu d'épanouissement, pour peu qu'on s'y investisse pleinement.

**Retomber sur ses pattes:** s'il a besoin d'être maître en son domaine, le chat sait faire preuve d'une grande adaptabilité. L'un des signes les plus manifestes de cette qualité est sa capacité, lorsqu'il choit depuis une position haute, à pivoter vite son arrière-train en direction du sol, de telle sorte qu'il atterrit sur ses pattes, et non sur le dos ou sur le flanc. Néanmoins, il ne s'agirait pas d'idéaliser cette faculté. Elle n'est efficiente que lorsque la distance qui le sépare de la terre ferme est suffisante pour permettre la rotation, mais pas trop importante non plus. De même, c'est en nous tenant à une distance raisonnable des obstacles, ni trop près ni trop loin, que nous parvenons à les surmonter.

## Exercice pratique de félinité : Chat en son royaume

Pour faire le tour de votre « territoire » de manière productive, essayez de définir un ensemble d'objectifs prioritaires à atteindre dans le domaine qui est le vôtre. Pour chacun d'entre eux, établissez :

- une activité routinière que vous tenterez de pratiquer de manière régulière,
- en quoi cette activité vous apportera un retour gratifiant immédiat.

## Proverbe félin (pour éclairer l'humain) :

*Mieux vaut être maître en son seul domaine,*
*qu'esclave qui parcourt le vaste monde.*

# II - Exigeant

Parce qu'il ne se laisse pas marcher sur les pattes, parce qu'il ne s'apprivoise pas aussi facilement qu'un chien, parce qu'il est pétri d'habitudes et de préférences acquises dès sa plus petite enfance, le chat a la réputation d'être un animal exigeant. On dit volontiers de lui qu'il aime son confort, son calme, sa propreté, son petit train-train que rien ni personne ne viendra perturber ou assombrir.

Pourtant, ce que des observateurs distraits tendent à négliger, c'est que le chat est avant toute chose exigeant… avec lui-même. Il se comporte moins en «enfant gâté» qu'en gestionnaire consciencieux et raisonnable de son existence : manger à sa faim, entretenir son corps par l'exercice, rester propre, maîtriser son espace de vie, etc.

Là où un chien pourra sembler plus spontané, parfois même un peu foufou, et en cela plus exposé aux aléas de l'existence, le chat apparaît comme une version poilue et à quatre pattes des philosophes grecs stoïciens. Certes, il n'est pas totalement dénué de passions, mais l'essentiel de son quotidien consiste à appliquer les strictes règles de vie qu'il s'est fixées, le plus souvent sans excès. Bien plus que chez nombre d'autres mammifères, y compris l'homme, on peut parler chez le chat d'une sorte «d'hygiène de vie». Et si la notion de plaisir n'est pas totalement exclue de ce programme aux contours un peu sévères, la manière dont vivent les chats est un véritable plaidoyer pour les vertus de la routine.

-4-

# Gérer son appétit

Ah, les chats et leur régime alimentaire ! Les publicitaires du monde entier en ont fait de véritables sagas. Jusqu'à nous imposer, depuis de longues décennies, ce mythe selon lequel nos amis à moustaches seraient des gourmets si difficiles, que seuls des plats à plusieurs étoiles seraient capables de les satisfaire. Dans les faits, il n'en est rien. C'est même tout le contraire ! Un chat n'aime tout simplement pas qu'on lui change ses habitudes, dans son assiette comme ailleurs. Ainsi, à partir du moment où il a apprécié un type d'aliment, il tend à se méfier des autres. Les chats réputés « difficiles » sont le plus souvent des animaux dont on a brusquement changé la référence de croquettes ou de pâtée. En outre, par sa mémoire aiguë des expériences aversives, il rejettera toute préparation qu'il aura eu du mal à digérer ou à assimiler. On peut convaincre un enfant de goûter une deuxième fois ce qui lui a déplu… pas un chat.

Ceci étant établi, pas facile de voir en quoi leur gamelle pourrait être pour nous, humains, une source d'enseignement. En effet, au-delà de leurs goûts et dégoûts, les chats se nourrissent d'une manière que la plupart des nutritionnistes réprouvent, c'est-à-dire en fractionnant leurs repas en un nombre très important de petites prises alimentaires, jusqu'à près d'une vingtaine par période de vingt-quatre heures. Quelques croquettes ici, une petite bouchée de pâtée là, et voilà notre ami le chat reparti pour une sieste, jusqu'à sa prochaine dînette, au plus tard une à deux heures après.

Je ne suis pas en train de faire une apologie du grignotage, dont on connaît les effets dévastateurs sur l'organisme humain, en particulier chez les enfants et les adolescents. Ce que l'on peut en retirer en revanche, c'est que cette habitude alimentaire est adaptée au tempérament de chasseur du félin. Livré à lui-même, le chat se nourrit des petites prises qu'il effectue tout au long de la journée. Cette alimentation est d'une part très riche en protéines — dont on sait que leur prépondérance limite la prise de poids — et en partie « brûlée » par les efforts consentis pour attraper lesdites proies. Évidemment, lorsqu'il est confiné en appartement, et qu'il se voit proposer pour l'essentiel des aliments industriels confectionnés par l'homme, le chat a tendance à accumuler les calories, et à réguler son poids de manière moins vertueuse. Il n'en garde pas moins cette habitude du fractionnement des repas, qui s'accorde par ailleurs si bien à son rythme de sommeil, lui-même découpé en une infinité de siestes de courte durée.

## Pourquoi devenir « chat » à mon tour ?

Que peut-on donc retenir pour notre propre usage, de ce comportement en apparence si éloigné de nos règles sociales et diététiques ?

**Adapter notre alimentation à notre activité :** c'est la leçon essentielle qu'on pourrait assimiler au célèbre adage de *L'Avare*, « Il faut manger pour vivre, et non pas vivre pour manger ». Chez le chat, l'alimentation est certes un plaisir, mais celui-ci ne prend jamais le pas sur la bonne gestion des ressources énergétiques. Ainsi, lorsqu'il se dépense moins, le chat a-t-il tendance à manger moins, ou des aliments moins riches.

**Limiter les quantités à chaque repas :** je vous l'accorde, c'est d'autant plus nécessaire chez le chat qu'il multiplie les prises alimentaires, mais il y a matière à s'en inspirer pour notre propre chef. Le chat n'attend jamais d'avoir le ventre lourd pour s'arrêter de manger.

**Privilégier les nutriments essentiels :** là encore, le plaisir recherché ne se fera jamais au détriment de l'efficacité nutritionnelle. Comprenez par là que le type d'aliment ingéré doit être en adéquation avec votre activité sur cette période donnée :

par exemple des sucres lents quand vous prévoyez une activité sportive, ou des aliments riches en fibre avant la nuit, etc.

**Associer les plaisirs :** même fondée sur un régime monotone — toujours les mêmes croquettes ! — l'alimentation du chat domestiqué est source de plaisirs intenses. En effet, contrairement à ce que l'on croit généralement, un chat dont la gamelle est pleine et qui réclame néanmoins, attend moins un supplément de nourriture… que l'attention et les câlins que vous lui prodiguez à chaque fois que vous lui donnez à manger. Dans son esprit, remplissage de l'assiette et affection de son maître sont intimement liés. Comme lui, faites de vos repas des moments de convivialité, qui mêlent les plaisirs de la table à ceux de la conversation, de la musique, etc. Ainsi, votre plaisir viendra moins de la quantité de nourriture avalée que des circonstances dans lesquelles vous la consommerez.

## Proverbe félin (pour éclairer l'humain) :

*Dans l'assiette comme ailleurs, il y a moins*
*de plaisir dans ce que l'on reçoit,*
*que pour quoi et avec qui on le goûte.*

-5-

# Pratiquer un exercice quotidien

Paresseux, le chat ? Dormeur invétéré ? Avouons-le, ce n'est pas tout à fait faux. Et, à dire vrai, si on envie tant son heureuse condition, c'est aussi parce qu'il nous semble passer plus de temps à se prélasser nonchalamment au soleil qu'à cavaler après sa pitance.

Mais c'est justement parce que nous l'avons apprivoisé, et que nous subvenons servilement à ses moindres besoins, que le chat se laisse aller à ce coupable penchant. À l'état naturel, il n'y a pas plus actif que lui. Chasseur par essence, il a constamment à cœur de s'entretenir pour être performant le moment venu.

Il suffit d'observer un chat quelques heures, durant ses périodes d'éveil, pour relever un certain nombre d'activités régulières, qui toutes contribuent à faire de lui un prédateur efficace :

**L'observation :** c'est sans doute son passe-temps favori, et ce qui en fait la machine à chasser que l'on sait. Un chat peut s'abîmer des minutes, voire des heures entières, dans la contemplation de sa proie future. En contemplant celle-ci, et en analysant le moindre de ses déplacements, il devient capable d'anticiper les réactions à venir de sa victime.

**Les étirements :** c’est un vrai réflexe. À chaque fois qu’il se redresse, ou qu’il quitte les positions assise ou couchée, le chat s’étire. D’abord les pattes antérieures, tendues à plat devant lui. Puis les pattes postérieures, le fessier relevé. Et enfin le dos, qu’il arrondit de cette manière si caractéristique, et dont nombre de méthodes de gymnastique se sont inspirées. Ainsi, le moment venu, il est parfaitement opérationnel, prêt à bondir, sans que ses muscles ou ses articulations ne se grippent. Au même titre qu’il fragmente son alimentation tout au long de la journée, le chat entretient constamment sa souplesse légendaire.

**La course-poursuite :** il suffit d’agiter un jouet quelconque sous ses yeux, dilatés d’excitation, pour voir son instinct de chasseur resurgir. De fait, chaque jour ou presque, le chat trouve un prétexte pour laisser libre court à son amour de la course-poursuite, qu’il soit la cible ou celui qui traque. Grâce à cet exercice régulier, il développe spontanément des stratégies d’évitement ou de captation qui lui serviront au cours de ses propres parties de chasse. À noter que les chats connaissant généralement leur pic d’activité en milieu de soirée, à partir de 21 heures ou 22 heures, nous ne sommes pas toujours témoins de ces subits débordements d’énergie.

## Pourquoi devenir « chat » à mon tour ?

C'est vrai, après tout. Voilà quelques dizaines de décennies que la plupart d'entre nous n'a plus besoin de chasser pour assurer sa subsistance. Alors, pourquoi entretenir son physique avec autant de soin et de constances que le font nos amis félins ?

**Stimulation = épanouissement :** tous les comportementalistes animaliers le disent, un chat dont l'instinct de chasseur n'est pas assez stimulé, et qui manque plus globalement d'exercice, devient un chat dépressif, voire agressif. Ne souriez pas, il en est exactement de même pour nous. Si notre énergie ne se fixe sur aucun projet, ou que celui-ci ne nous apporte aucune gratification immédiate, nous dépérissons, tout au moins d'un point de vue psychologique. L'autre point important c'est que, pour nous épanouir, cette activité ne peut pas être un simple divertissement. Si je ne suis que spectateur, je n'engage qu'une part trop faible de moi-même. L'activité en question doit non seulement exiger de moi une implication directe, mais aussi solliciter ce qui correspond le plus profondément à mon caractère. Chez le chat, son instinct de chasse. Et chez vous ?

**Les petits efforts servent les grandes causes :** ce qui est frappant chez le félin, c'est que tous ses rituels ordinaires, en apparence inutiles ou anodins, sont autant de préparations à ces hypothétiques parties de chasse. En clair, il serait illusoire de penser qu'il suffit de rêver ou de fantasmer ses grands projets pour être paré le moment venu. Si l'on veut réellement atteindre ses objectifs initiaux, il faut savoir y intégrer toutes ses petites activités quotidiennes, et réussir à déterminer en quoi chacune d'elles contribue à l'édifice.

**Les vertus de la régularité :** c'est l'ultime leçon que nous donne le chat, et que nous avons déjà évoquée précédemment. Ce n'est que parce qu'il s'adonne à ces exercices quotidiennement que le chat jouit des qualités requises au moment d'attaquer ce « chef-d'œuvre » qu'est la partie de chasse.

Stimulation constante, inscription des rituels dans le projet d'ensemble et régularité des exercices, ces trois points sont constitutifs de ce que les psychologues dits « positifs » appellent l' « expérience optimale », celle qui sera susceptible de transformer les contraintes journalières en plaisir renouvelé.

## Exercice pratique de félinité (1) :

À une époque où l'on est pressé de toutes parts, et où l'on tend à précipiter ses gestes et à hâter sa parole, on a certainement à apprendre du chat. Comme lui, vous pouvez apprendre à observer avant d'agir. Imaginez par exemple que vous avez rendez-vous avec un contact professionnel pour la première fois :

1- Commencez par regarder une photo de cette personne durant dix minutes avant de la rencontrer. Si vous connaissez son patronyme, il ne devrait pas être bien difficile de trouver son portrait sur Internet, en particulier sur les réseaux sociaux ; essayez de vous imprégner de son caractère, des ses failles ou au contraire de ses forces, telles qu'elles s'expriment au travers de son physique.

2- Poursuivez en consultant en ligne toutes les informations que vous réussissez à trouver sur elle (parcours, interviews, etc.).

3- Enfin, le jour J, efforcez-vous d'être dix à quinze minutes en avance, pour avoir le temps de repérer le terrain : où devez-vous vous positionner pour ne pas avoir votre interlocuteur à contre-jour, où et comment vous asseoir pour avoir l'air sûr de vous, etc.

## Exercice pratique de félinité (2) :

On estime, chez l'être humain, qu'une nouvelle habitude s'acquiert dans un délai minimum de trois semaines. Si, au bout d'une vingtaine de jours, on est parvenu, par la volonté, à effectuer une activité donnée chaque jour sans jamais y déroger, on peut alors estimer que cela est acquis. Et que, à l'image du chat, on finit même par pratiquer cet exercice instinctivement, sans presque y penser.

Choisissez donc un rituel qui pourra, à terme, vous être utile dans le cadre de votre activité ou de votre projet principal. Commencez par l'exercer une à deux minutes seulement chaque jour. Juste une minute, vraiment ! Vous devriez bien réussir à arracher ce laps de temps à votre précieux planning. La semaine suivante, faites-le deux fois par jour, toujours une à deux minutes, par exemple au lever, ET le soir avant de vous coucher. Ou durant vos temps de transport. La troisième semaine, on passe à trois exercices quotidiens. Si, au bout de cette phase d'imprégnation, vous parvenez à tenir le rythme, vous pouvez alors prolonger chacune de vos trois miniséances du jour.

## Proverbe félin (pour éclairer l'humain) :

*«Nos grandes compétences ne naissent que de la somme de nos petits rituels.»*

-6-

# Soigner son hygiène et son apparence

Manucure...

Pédicure...

Soin du visage...

Mise en pli...

Toilette intime...

J'ai dit : "intime".

Nous, humains, avons cette fâcheuse tendance à dissocier le fond de la forme. Ou, pour être plus exact, à surévaluer l'un au détriment de l'autre. En conséquence de quoi, le travail de notre esprit serait donc précieux, et noble, quand celui que nous effectuons sur notre corps ou notre apparence serait futile, autant dire une perte de temps.

Or, nos amis les chats consacrent en moyenne huit pour cent de leur journée à leurs soins d'hygiène et de beauté, concentrés dans cette activité quasi unique qu'on appelle la toilette. Sachant qu'un chat n'est éveillé environ que huit à dix heures par jour — contre seize heures en moyenne pour un homme — on voit l'importance extrême que cette activité revêt pour lui.

Faut-il en déduire que les chats sont obsédés par la propreté ? Faut-il voir en eux des animaux si vaniteux qu'ils passent leur temps à se refaire une beauté ?

Non. Car en se bornant à ce cliché un peu commode, on passe radicalement à côté de ce qui fonde une grande partie de la sagesse féline, où bien-être intérieur et soins extérieurs se réconcilient.

En effet, en se léchant aussi minutieusement qu'il le fait, plusieurs fois par jour, le chat vise moins une hygiène irréprochable — quoique celle-ci le soucie également — qu'à se détendre. En entrant ainsi en contact avec son propre corps, de manière si appliquée, il évacue les tensions perçues dans les minutes ou les heures qui ont précédé. D'ailleurs, la toilette est le plus souvent associée à l'une de ses nombreuses siestes, qu'elle la suive ou la devance.

On sait aujourd'hui que le lissage de son pelage à l'aide sa langue râpeuse déclenche chez lui la sécrétion d'endorphines, ces hormones du bien-être qui provoquent un état d'apaisement et un sentiment de sécurité. D'où la durée de ces séances, mais aussi le fait que le chat puisse repasser plusieurs fois au même endroit avec sa langue, en dépit du bon sens apparent.

La toilette fait tant de bien au chat que son bonheur en devient presque contagieux. Le contempler à l'ouvrage est, pour nous aussi, source de paix et d'agrément.

## Pourquoi devenir « chat » à mon tour ?

Il est intéressant de constater que la plupart des études sur les soins que les femmes apportent à leur corps — épilation, automassage, gommage, hydratation, maquillage, etc. — viennent valider cette hypothèse féline selon laquelle ceux-ci permettent la réconciliation d'un corps embelli et d'un esprit détendu.

Vous me direz que, dans nos sociétés, les règles d'hygiène en vigueur nous obligent quotidiennement à prendre soin de nous : se laver, se raser pour les hommes, s'hydrater le visage pour les femmes, user d'un déodorant, se parfumer, etc.

Mais ce qui est fait par convention, le matin à la va-vite, et sans réel plaisir, peut-il apporter le même bien-être qu'un acte répété et librement consenti ?

Bien sûr que non. Il s'agit donc, pour nous humains, de retrouver des rituels apaisants mettant en scène notre corps, et sa manipulation. J'en vois certains sourire et, certes, la masturbation peut faire partie de ces actes réconfortants. Vous conviendrez cependant avec moi que cela n'est ni simple à réaliser, ni bien admis socialement.

Et comme se lécher tel le chat de la tête aux pieds peut être également mal perçu, voici quelques suggestions alternatives :

- des exercices brefs de respiration abdominale,
- des exercices brefs d'acupression, qui consistent à presser certaines zones sensibles du corps avec le pouce et l'index,
- des séances brèves de massage du visage, de la plante des pieds ou du cuir chevelu,
- l'application d'une crème, d'une huile ou d'un baume sur tout ou partie du corps.

La durée ou l'intensité de ces séances importe moins que leur fréquence. Mieux vaut y consacrer des périodes d'une à deux minutes plusieurs fois par jour, que de longues séances de trente minutes uniquement le week-end. L'idée générale, vous l'aurez compris, est de vous redonner le goût et l'habitude de flatter vous-même votre corps, pour mieux libérer votre esprit. En cela, le résultat obtenu, musculaire ou esthétique, n'est que peu de choses au regard du plaisir que vous aurez pris à vous toucher, vous effleurer ou vous pétrir de la sorte.

## Exercice pratique de félinité (1)

Comme le chat, veillez toutefois aux points suivants, au moment de vous prodiguer ces soins-là :

- être dans un lieu calme, où vous êtes de préférence isolé et à peu près certain de ne pas être dérangé, même si ce n'est qu'un temps très bref,
- se placer en position assise ou allongée, le plus confortablement possible,
- ne pas être importuné par une distraction visuelle ou sonore, afin d'être totalement concentré sur vous-même,
- placer de préférence ces exercices à un moment de la journée qui suive ou précède une période de repos.

## Exercice pratique de félinité (2) :

Les communautés de chats sont assez rares, et généralement constituées pour l'essentiel de femelles. Lorsque les rapports entre elles sont apaisés, il n'est pas rare qu'elles se prodiguent les unes les autres la toilette rituelle. Vous aussi, vous pouvez pratiquer des gestes de soin dans un échange réciproque, de nature à perpétuer cette connivence animale, très présente aux débuts d'une relation, et qui tend peu à peu à se dissoudre :

- coiffer son partenaire,
- enduire le corps de son partenaire de crème,
- enduire une partie du corps de son partenaire d'un produit comestible, puis le lécher,
- masser le cuir chevelu de son partenaire.

Le contact prolongé, et l'érotisme latent qui en découle doivent permettre de renouer avec cette cohésion physique (et phéromonale) si forte qu'éprouvent certains groupes d'animaux.

## Mon chat, mon maître…

Apprendre de son chat, c'est bien, apprendre *avec* son chat, c'est encore mieux. Empressons-nous de le préciser : tous les chats n'apprécient pas qu'on touche à leur pelage, et qu'on intervienne avec nos grosses pattes humaines sur leur apparence. Cependant, certains gouttent au plus haut point les séances de brossage, que vous pouvez synchroniser avec vos propres soins esthétiques.

Commencez par familiariser l'animal avec la brosse, en la lui tendant sous son nez. Une fois qu'il l'aura flairée, et qu'il aura posé une patte prudente sur ses piquants, il pourra supporter que vous la lui passiez, toujours en partant de la tête vers l'arrière-train, dans le sens du poil. Attention, n'appliquez aucune pression. Le balayage de la brosse doit être aussi doux qu'une caresse.

## Proverbe félin (pour éclairer l'humain) :

*En flattant nos sens, les soins du corps libèrent l'esprit et réjouissent l'âme.*

# III - Épanoui

À les regarder, certains animaux nous semblent nerveux, instables, ou au contraire complètement amorphes. Il en va bien entendu de même chez nos frères humains, où certains s'agitent en tous sens, quand d'autres paraissent frappés de léthargie. Personnellement, je me fais souvent la réflexion sur la route, où les automobilistes se comportent soit comme des excités, soit comme des endormis, mais plus rarement comme des individus prudents, respectueux des autres et maîtres d'eux-mêmes.

Ce qui surprend et fascine dans l'observation des chats, c'est justement cet équilibre presque parfait qu'ils semblent atteindre entre l'activité et le repos, la concentration et l'abandon, la débauche d'énergie dont ils font preuve quand ils jouent ou qu'ils chassent, et par ailleurs cette souveraine paresse qu'ils affichent quand ils décident qu'il est temps pour eux de se retirer du monde.

Entre deux pôles contradictoires, et sans doute parce qu'ils excellent dans l'un comme dans l'autre, les chats nous apparaissent comme incroyablement épanouis. Gestionnaires raisonnés de leur vitalité, ils ne gaspillent jamais leur énergie dans des actions ou des entreprises vaines. Une sage économie qu'on peut observer d'ailleurs dans le moindre de leurs mouvements, aussi fluides et élégants que s'ils avaient été conçus pour optimiser le déplacement des chats dans leur environnement.

-7-

# Pratiquer l'art de la sieste

Programmé par nature pour la chasse, comme nous l'avons déjà vu ensemble, le chat jouit d'un rapport très particulier au temps, beaucoup moins linéaire que notre propre perception humaine. En effet, il alterne de longues plages de repos ou d'observation, qu'il étire sur des durées variables, et des phases d'action très subites. Passant parfois des unes aux autres à la vitesse de l'éclair, pour mieux tromper son monde. En cela, le chat est maître de son temps, qu'il plie ou allonge selon ses besoins du moment, et des modifications éventuelles de son environnement : calme rompu, passage d'une proie potentielle à proximité, etc.

Même libéré de l'impératif vivrier de la chasse, il conserve ce tempo haché, heurté, et pour tout dire assez déconcertant pour les hommes que nous sommes. Contrairement à nous, tenus par nos obligations familiales et professionnelles, il répartit ses périodes de repos tout au long de la journée. Sur les quatorze à seize heures de sommeil dont il bénéficie chaque jour, il dort rarement plus de cinq à six heures d'affilée.

Il convient à ce propos de préciser de quel repos l'on parle. Car, chez le chat, il y a sommeil, et sommeil. En effet, là où l'humain ne connaît qu'un seul type réel de repos — lui-même subdivisé en quatre états de conscience différents — le chat se repose de deux manières : par le sommeil profond tel que nous le pratiquons nous aussi ; mais aussi par un état intermédiaire, sorte de veille somnolente, durant lequel, quoique parfaitement détendu, il conserve une perception sensorielle pleine et entière de ce qui se passe autour de lui. Une fois encore, cette faculté est un reliquat de son instinct de chasse ancestral, et lui permet de se réactiver en une fraction de seconde, qu'il s'agisse de fuir sur-le-champ, ou de poursuivre instantanément une proie qui passe à proximité. Le passage d'un état à l'autre est saisissant, pour nous qui mettons parfois de longues minutes avant d'émerger complètement des bras de Morphée.

## Pourquoi devenir « chat » à mon tour ?

À moins que vous n'officiiez dans un métier où les urgences sont la règle (police, pompiers, hôpital, armée), on vous demandera rarement, au cours de votre existence, de vous extraire de votre sommeil en une seconde, ni d'être sur pied aussitôt après.

Par ailleurs, il faut savoir que le rythme circadien humain prévoit une plage principale de sommeil sur la période nocturne, favorisée en cela par les deux pics hormonaux (vers 13 heures et entre minuit et 2 heures du matin) qui prédisposent à l'endormissement. Il n'est donc pas question pour nous de briser cet équilibre-là, pour lui substituer un rythme félin. De toute manière, celui-ci est incompatible avec notre vie telle qu'elle est socialisée (travail salarié, horaires scolaires, etc.).

Ce que l'on peut retenir, en revanche, de la manière dont nos amis félins gèrent leur temps de récupération, c'est cette capacité à se reposer par petites tranches, souvent brèves, tout au long de la journée. À leur façon, ils sont un éloge vivant de la sieste et de ses vertus.

En effet, et tous les spécialistes du sommeil s'accordent sur ce point, l'humain connaît au moins, par période de vingt-quatre heures, un autre accès de fatigue, qui nécessite en principe de s'y abandonner. Chez la plupart d'entre nous, cela se situe en début d'après-midi, entre 13 heures et 15 heures. Or, pour des raisons liées essentiellement à notre activité professionnelle, nous luttons le plus souvent contre cette douce pente naturelle. Quitte à papillonner des yeux durant la réunion de 14 heures. À s'assoupir sur son clavier. Ou à bâiller à tout rompre au nez de ses collègues.

Or, toute personne qui l'a déjà expérimenté le sait, une sieste d'une durée comprise entre quinze et vingt-cinq minutes suffit à redonner tonus et énergie pour tout le reste de la journée. Contrairement à une idée largement reçue, hélas, la sieste n'est donc pas un vice de paresseux, mais au contraire un véritable outil de productivité et de performance. Le chat l'a bien compris, lui qui enchaîne les microsiestes légères — entendez par là, assorties d'une phase de sommeil peu profond — lesquelles lui permettent de reconstituer ses forces pour le jeu ou la partie de chasse qui suivra immédiatement après.

Chez les individus sujets à l'insomnie, ou à un sommeil nocturne en pointillés, soit environ dix millions de personnes en France, la sieste diurne n'est pas juste un bonus énergétique, mais véritablement le seul moyen de compenser le déficit de repos nocturne, et de répartir sur mesure le temps de repos nécessaire.

## Exercice pratique de félinité (1) :

Voici un exercice de sieste expresse à la mode *matou*, applicable en principe dans toutes les circonstances

- commencez par étirer chacun de vos membres, et par bâiller aussi largement que vous en ressentez le besoin. Si le bâillement ne se produit pas spontanément, ouvrez grand la bouche, vous verrez, cela va venir tout seul !
- détendez ensuite votre dos et votre nuque en prenant la position dite du chat, c'est-à-dire en arrondissant le dos, le menton posé sur la poitrine, et les bras pendus devant vous. Enroulez-vous ainsi sur vous-même au ralenti, puis redressez-vous tout aussi lentement, plusieurs fois de suite,
- si vous êtes assis à l'extérieur ou dans les transports, restez en position «enroulée» (dos courbé, épaules rentrées, menton sur la poitrine), et fermez les yeux. Si vous êtes à l'intérieur, trouvez une table ou un bureau pour vous installer dans la position dite de «l'écolier» : bras croisés à plat devant vous, tête posée dessus,

- ne cherchez pas à lutter contre la gravité, et laissez-vous au contraire peser de tout le poids de votre buste. Respirez lentement et profondément, en gonflant votre ventre à l'inspiration,
- même si le sommeil ne vient pas tout de suite, continuez à respirer aussi lentement que possible, en étirant le plus longtemps possible la phase d'expiration,
- une fois votre sieste achevée, réitérez les exercices d'étirement du début.

## Exercice pratique de félinité (2) :

Quand vous maîtriserez l'exercice ci-dessus, vous pourrez passer à la phase deux, à savoir la remise en action immédiate après la sieste. Avant même de débuter celle-ci, fixez-vous une tâche à accomplir dès votre réveil. Débutez par quelque chose de simple : par exemple vous lever sans tanguer et traverser la pièce où vous vous trouvez sans vous arrêter pour actionner l'interrupteur le plus proche.

Multipliez les petites actions de ce type, jusqu'à vous attaquer à des choses réclamant une attention plus soutenue : lire un article et mémoriser les informations essentielles, passer un coup de fil sans avoir la voix assoupie, etc. Vous verrez que, peu à peu, votre cerveau se conditionne pour revenir plus vite à un état de conscience compatible avec vos activités diurnes.

## Mon chat, mon maître…

Apprendre de son chat, c'est bien, apprendre *avec* son chat, c'est encore mieux. Puisqu'ils manifestent cette propension naturelle à s'endormir à toute heure, les chats sont pour l'homme de formidables partenaires de sieste. Mieux : leur calme, leur ronron régulier quand vous vous étendez à leurs côtés, le contact doux de leur pelage, sont autant de facteurs qui favorisent votre propre endormissement. Et à ceux qui doutent encore que le chat puisse être un animal social, ou même affectueux, je leur parlerai de mon chat, Mimosa, une petite femelle tigrée de trois ans, qui tous les jours autour de 13 h 45, comme mue par son horloge interne, grimpe sur mon lit et pousse un roucoulement caractéristique pour m'appeler à la sieste. Quand elle me voit enfin apparaître dans la chambre, elle produit quelques brefs miaulements de plaisir — semblables à de petits jappements — à l'idée que nous nous reposions ensemble, puis sombre aussitôt dans son sommeil réparateur, donnant en quelques sortes le signal du départ. Les jours où je manque à l'appel, elle s'endort seule, mais non sans avoir patrouillé dans toute la maison, à ma recherche.

Attention, néanmoins, même les mieux apprivoisés des chats n'apprécient pas toujours d'être collés à vous. Si le vôtre se place à distance du lit ou du canapé où vous vous reposez, ne cherchez pas à forcer le contact. Vous le feriez fuir, et risqueriez de rompre le charme de cet instant de pur bonheur partagé.

## Proverbe félin (pour éclairer l'humain) :

*Le sommeil n'est du temps perdu que si on le bâcle ou si on le néglige.*

-8-

# Continuer à jouer (à tout âge)

Très tôt, en fait dès qu'il acquiert une acuité visuelle suffisante (environ deux semaines après sa naissance), le chat se met à jouer. Avec sa mère, les autres chats de la portée, mais aussi et surtout avec tout ce qui, dans son environnement, tombe à portée de ses pattes, de ses griffes et de sa gueule. Tous les propriétaires peuvent en témoigner : regarder un chaton s'ébattre est un spectacle fascinant. Car, dès le plus jeune âge, il fait preuve de cette vivacité, de cette énergie contenue et soudain explosive, qui caractérise tous les félins. Chasseur dès ses premiers pas ou presque, il manifeste déjà ce sens de l'observation, du suivi et de l'anticipation des mouvements, qui lui permettront en principe, s'il n'est pas adopté, de traquer ses proies et de subvenir à ses besoins alimentaires de manière quasi autonome.

Pour le chat, le jeu n'est donc pas qu'une distraction, ou un simple amusement. Jouer de manière régulière et appliquée est donc le gage de sa survie, quoi qu'il puisse lui arriver par la suite. C'est la raison pour laquelle, tout au long de son existence ou presque, il ne cessera jamais d'entretenir ce côté volontiers si facétieux, capable de courir après une ficelle ou de bondir après une balle qui passe à proximité.

Mais la chasse n'est pas l'unique motivation du chat joueur. En effet, et contrairement à ce que son excitation au cours de ces récréations laisse supposer, le jeu permet au chaton de maîtriser graduellement ses attitudes, et de gérer son trop-plein d'énergie. Freiner ses élans, savoir jauger les distances lors de ses bonds, apprendre à ne pas griffer ou mordre à tout propos, ni de manière trop violente… C'est cet ensemble de règles élémentaires, aussi utiles pour traquer ses proies que pour entretenir de bonnes relations avec ses pairs, que le bébé chat doit acquérir. On les définit comme des « autocontrôles », terme qui exprime bien la nécessité pour le chat de juguler cette énergie brute qui l'habite. Nous venons de le voir, les séances de jeu sont à la fois un entraînement, une remise à jour des autocontrôles déjà acquis, mais aussi un espace, un temps de socialisation indispensable.

Avec son maître, il découvre ainsi de nouvelles limites — par exemple ne pas sortir ses griffes en cours de jeu — mais aussi quel doit être son comportement en fonction du profil de son partenaire : ainsi, il apprendra qu'il ne peut pas aller aussi loin avec l'enfant de la maison qu'il se le permet par ailleurs avec les adultes.

## Pourquoi devenir « chat » à mon tour ?

L'être humain adulte, lui, a cette fâcheuse tendance à confiner le jeu dans les limbes de son enfance. Comme s'il y avait un âge entièrement dévolu aux activités récréatives, et un autre réservé aux choses sérieuses. Bien sûr, les adultes ont aussi leurs distractions, mais deux attributs caractérisent celles-ci : la répétition de ce que l'on connaît déjà, et la passivité. Plus spectateur qu'acteur de ses loisirs, l'humain adulte y recherche en priorité une forme de réconfort et de réassurance, et non cette constante stimulation qui vaut pour règle dans les jeux d'enfants. Et de chats !

**La nouveauté :** un chat, même adulte, se lasse assez vite de tout jeu que la nature ou ses maîtres peuvent lui proposer. Moyennant quoi, il est toujours à l'affût d'une source nouvelle de stimulation. Il ne se contente pas de ce qu'il a déjà expérimenté, même si certains classiques, tels que la poursuite de sa propre queue, peuvent le distraire toute sa vie durant. Pourquoi devrions-nous donc, nous aussi, nous trouver de nouveaux jeux et ne pas nous en tenir à ceux que nous apprécions ?

- Pour nous donner de nouveaux défis et nous confronter à d'autres partenaires.
- Pour solliciter d'autres facultés que celles que nous exerçons de manière ordinaire, et étendre le champ de nos compétences (réflexes, stratégie, etc.).
- Pour ne pas associer le jeu à une activité trop routinière, donc potentiellement ennuyeuse. Le jeu doit demeurer une source motrice de stimulation.

À l'instar du chat, en élargissant année après année le spectre de nos activités récréatives, nous pouvons développer des qualités qui facilitent nos rapports aux autres : patience, observation, écoute, bluff, etc.

**L'interactivité :** pour que le chaton soit captivé par un jeu, il faut que celui-ci comporte une part importante d'interactivité. S'il ne s'agit que de regarder un élément bouger sans possibilité, par exemple, de s'en saisir d'un coup de griffe, l'intérêt sera pour lui très faible. Il en va de même pour nous. Ne nous font réellement progresser que les jeux qui sollicitent de notre part une forme d'intervention, même limitée. C'est en cela que les jeux de société un tant soit peu élaborés développent en nous des émotions et des sensations plus fortes, et plus durables, que le plus abouti des spectacles.

L’interactivité offerte par un jeu exalte en nous les émotions et les valeurs suivantes :

- Se confronter à des défis dont les enjeux sont faibles, au regard de notre vie quotidienne. Il est donc possible de déployer une stratégie et des compétences sans craindre pour autant une sanction irréversible.
- Exercer et faire évoluer les qualités requises pour ledit jeu.
- La possibilité de confronter ses compétences à celles d’autres joueurs, et d’en faire un bilan régulier.
- Dédramatiser certains problèmes dans le cadre fermé et inoffensif du jeu, et se confronter « pour rire » à certains obstacles ou certaines situations d’échec.
- Connaître une sensation plus ou moins franche de maîtrise, qui développe la confiance en soi.
- Développer une forme de saine agressivité, de pugnacité, un esprit de « gagne ».

Jouer comme le chat le fait régulièrement, ce n’est donc pas seulement, comme on aime à le dire, l’occasion d’entretenir son « âme d’enfant ». Le jeu permet aussi de cultiver ce qui fera de nous de meilleurs adultes, une fois revenus dans le champ des activités réputées sérieuses : vie de famille, vie professionnelle, rapports de couple, etc.

## Exercice pratique de félinité (1) : Le jeu de la mouche

On le sait, l'une des principales qualités du chat, qu'il développe très tôt au cours de ses diverses activités de jeu, c'est sa capacité à anticiper les mouvements d'un objet animé. Il ne vous aura pas échappé, à ce propos, qu'il est susceptible, avec ses pattes pourtant plus courtes et en principe moins agile que nos mains dotées de préhension, d'attraper une mouche. Exploit que bien peu d'entre nous sont capables de réaliser, encore moins du premier coup.

Je vous propose donc le jeu suivant : attendez qu'une mouche vole dans une pièce de votre logis.

**Étape 1 :** avant de vous ruer dessus, la main tendue en avant, commencez par observer ses évolutions, patiemment, au moins une dizaine de minutes. Tentez de repérer des motifs récurrents dans ses déplacements ou à défaut, certaines constantes. S'envole-t-elle par exemple toujours vers le haut ? Combien de temps évolue-t-elle en l'air en moyenne avant de se poser ?

**Étape 2:** prenez une feuille de papier vierge et portez-y la grille ci-dessous. Elle matérialise l'espace en deux dimensions que constitue le mur ou le plafond, blanc de préférence, devant lequel vole la mouche en question.

Attendez un moment où la mouche stationne plus d'une poignée de secondes, et placez sur cette grille, sous la forme de pointillés, le parcours que vous anticipez être le sien au moment où elle bougera de nouveau. Lorsque c'est enfin le cas, reportez son évolution réelle, et comparez-là à votre projection.

**Étape 3:** cet entraînement achevé, vous pouvez maintenant vous essayer à la capture de cette satanée mouche à main nue. N'oubliez pas qu'une mouche est capable de vous voir approcher dans son dos. Vous ne serez donc jamais en mesure de la prendre de vitesse. En revanche, si, tel le chat, vous avez appris à décrypter son plan de vol au cours des étapes précédentes, vous pourrez peut-être anticiper la direction dans laquelle elle prend la fuite.

## Exercice pratique de félinité (2) : Le jeu de la bille

Il est frappant, lorsqu'on observe un chat en train de jouer, de voir à quel point celui-ci fait preuve de concentration et de ténacité. Là où un humain s'agacerait vite, et ressortirait affecté par une succession de tentatives infructueuses, c'est à peine si le chat s'énerve, sans jamais perdre son attention ni sa légendaire vivacité.

À son image, l'humain aurait intérêt à mieux savoir encaisser et gérer ses échecs, plutôt que de se nourrir de ses seuls succès. Voici, à cet effet, un petit jeu d'adresse en apparence très simple, mais qui nécessite à la fois dextérité et rapidité d'exécution.

**Étape 1 :** ouvrez la paume de votre main à plat devant vous, de préférence celle avec laquelle vous écrivez. Placez-y une bille parfaitement ronde. Retournez maintenant votre main, en tâchant de faire tenir la bille sur le dessus, sans que celle-ci ne retombe. Vous y êtes parvenu au moins une fois ? Alors, passez à l'étape suivante.

**Étape 2:** essayez maintenant de passer la bille d'une face à l'autre de votre main (paume, dessus, puis de nouveau paume, et ainsi de suite), toujours sans la faire choir. Moins évident, n'est-ce pas ?

**Étape 3:** si vous avez réussi à réaliser trois-quatre allers-retours, tentez de nouveau l'étape un, puis deux, mais cette fois avec une bille sur chacune de vos deux mains.

Vous l'aurez compris, dans cet exercice, ce qui compte est moins votre réussite que votre capacité à le rééditer inlassablement, aussi nombreux soient vos échecs, et exaspérante soit la chute de cette bille que vous n'êtes pas parvenu à contrôler.

# Mon chat, mon maître…

Apprendre de son chat, c'est bien, apprendre *avec* son chat, c'est encore mieux. Ainsi, si vous avez la chance d'avoir un félin domestique sous la patte, ne vous contentez pas de lui fournir l'espace et les accessoires nécessaires à ses périodes de jeu. Participez !

La suggestion du jour, pour développer sa réactivité, améliorer votre adresse et vous déstresser l'un et l'autre : le *catball.*

- Pour ce faire, procurez vous une petite balle souple de la taille d'un abricot, remplie de grains de riz ou de petites billes en plastique.
- Familiarisez votre animal avec l'objet en le déposant d'abord devant lui, et sans imprimer de mouvement à ce dernier. En principe, il devrait boxer la balle du bout de ses pattes quelques fois, pour jauger sa consistance et sa réactivité.
- Ceci fait, faites rouler doucement la balle en tapant dedans du bout du pied. Répétez l'opération plusieurs fois, car, en bon chat, votre animal risque de consacrer un temps conséquent à l'observation dudit objet, avant de passer à l'action.

- Lorsqu'il s'est rué sur la balle après plusieurs de vos coups, la partie proprement dite peut commencer. Essayez de dribbler votre chat, ou de faire glisser la balle entre ses pattes pour lui «mettre un but». Attention, toutefois, il n'est pas question de taper trop fort dans la balle, ni d'entrer en contact physique direct avec votre animal. Vous risqueriez de le blesser et de le dégoûter une fois pour toutes des jeux avec vous.

## Proverbe félin (pour éclairer l'humain) :

> *Tout s'apprend mieux en jouant,*
> *tout se joue mieux si on l'apprend.*

-9-

# Ritualiser sa sexualité

Que voilà un sujet sensible, et ô combien tabou. Tout d'abord parce qu'il est entendu qu'il existe un fossé a priori impossible à combler, entre sexualité animale et humaine : celui du plaisir. L'homme est en effet l'une des rares espèces, avec les célèbres singes bonobos, à s'accoupler pour un autre motif que sa seule reproduction. Et ce motif, c'est évidemment la jouissance ressentie quand tout se passe bien, et dont la quête justifie la fréquence, la durée et l'intensité des rapports.

De ce point de vue, on pourrait dire assez légitimement que nous n'avons aucune leçon à recevoir des chats, pas plus que des autres animaux, sauvages ou domestiques, dont nous pouvons observer les ébats. Sauf cas exceptionnels, les accouplements des chats sont brefs, dépourvus de préliminaires et de tendresse et, pour ce que l'on peut en juger, dénués de ce plaisir complet, total, qu'est l'orgasme. Pour le mâle comme pour la femelle, la saillie apparaît plus comme une obligation dictée par mère Nature, et dont l'accomplissement est ressenti comme un soulagement, et non comme l'acmé gratifiante et bienfaitrice d'un rapport sensuel entre les partenaires. D'ailleurs, comment cela se pourrait-il puisqu'il n'existe entre eux aucune notion de suivi dans la relation ? Une femelle peut en effet s'accoupler avec plusieurs mâles différents sur une même période, selon sa préférence, mais sans qu'aucune notion d'attachement ou d'antériorité ne prévale ou ne guide son choix.

Tout commence, chez la femelle non opérée, par la période dite d'œstrus, plus communément appelée période des chaleurs. Celle-ci, provoquée par la sécrétion d'œstradiol, une hormone produite par les follicules ovariens, revient tous les dix-huit à vingt-quatre jours environ, à la fin du cycle de l'animal, et ce durant la saison de reproduction. Durant cette phase, la chatte change brusquement de comportement, manifestant une affectivité exacerbée, se frottant constamment, à tout et à tous, poussant des miaulements caractéristiques, relevant son postérieur dans une configuration propice à la saillie. Ses cris sont si déchirants que nos oreilles humaines les assimilent à une forme de souffrance.

On sait par ailleurs que le coït est en lui-même une épreuve physique pour la femelle. En effet, le pénis du chat mâle est hérissé de spicules, petits pics qui ont tendance à durcir au moment de la pénétration, venant se planter dans la paroi du vagin, pour garantir que l'acte aboutisse. Cette forme de violence qui lui est faite explique en grande partie la réaction, parfois très vive, de la femelle, et la brièveté extrême du rapport, qui n'excède guère les dix à quinze secondes. Je vous rassure, les chats ne pratiquent pas le sadomasochisme par goût. Ce dispositif, ainsi que la morsure que le mâle, couché sur le dos de sa partenaire, applique au cou de cette dernière, a pour but de provoquer l'ovulation, qui aura lieu dans les vingt à cinquante heures après le rapport.

## Pourquoi devenir « chat » à mon tour ?

Qu'y a-t-il donc à sauver dans ce tableau amoureux en apparence si rebutant, et fort éloigné de la complicité érotique que nous, humains du XXI^e siècle, érigeons comme modèle dans le cadre des relations de couple ?

Je vous surprendrai peut-être en avançant que tout n'est pas à jeter dans les amours félines, mais le fait est que je ne vous ai pas tout dit à leur propos.

**Faites la cour, pas la guerre :** le premier aspect résolument positif dans la sexualité des chats, c'est que c'est généralement la femelle qui fait le premier pas. En chaleur, comme nous l'avons vu plus haut, elle manifeste la première sa disponibilité pour l'accouplement, et va à la rencontre des mâles de son quartier. De ce point de vue, les chattes sont plus désinhibées, et assument plus leurs besoins que la plupart des femmes. Appliqué à la communauté humaine, on pourrait dire que leur comportement ressemble à celui des femmes qu'on appelle les amazones, lesquelles recherchent et choisissent leurs partenaires sexuels comme tendent à le faire les hommes.

Cependant, une fois un groupe de mâles rencontrés, la chatte ne se jette pas sur le premier venu. Commence alors une phase de séduction, durant laquelle les mâles font leur cour, et où la lecture faite par la femelle des traces phéromonales déposées par ces messieurs joue un rôle prépondérant.

Hélas, dans nos sociétés trop policées, peu de place est laissée aux odeurs et à la sorte d'alchimie qui peut naître entre les parfums naturels des peaux, entre les corps. Conditionnés par les médias à répondre à des stimuli purement visuels, nous oublions que la sensualité est avant tout affaire de toucher, d'odorat et de goût. C'est sans doute en cela que les chats, qui passent une part importante du prélude amoureux dans le *flehmen*, cette captation des odeurs et des phéromones du partenaire potentiel, ont quelque chose à nous apprendre.

**Quand la femelle fait loi :** au bout du compte, après que les mâles se sont parfois battus pour obtenir les faveurs de telle ou telle femelle, celle-ci demeure souveraine. Si elle refuse la saillie que l'un d'entre eux s'apprête à lui prodiguer, cette décision est irrévocable, et celui-ci repart la queue basse, sous les feulements, les crachats et les grognements de la chatte. Les bruits et les postillons en moins, voilà bien une règle dont les mâles humains, prompts à prendre tout signe ambigu pour un consentement, pourraient s'inspirer avec profit. À noter que le « c'est madame qui décide » fait autorité dans une communauté dont on n'imaginerait pas a priori des positions aussi progressistes, celle des libertins et des échangistes. En effet, rien ne se fait dans les clubs et saunas dédiés à ces pratiques, si la femme, objet de toutes les convoitises, n'accorde pas son assentiment explicite, sous aucune forme de contrainte que ce soit.

**L'art du rendez-vous amoureux :** on le sait, la plupart des animaux cantonnent leurs rapports intimes à une « saison des amours », période plus ou moins restreinte au cours de l'année. Chez les chats, celle-ci débute au mois de février, au cours duquel les jours rallongent : l'apport accru de lumière stimule le système endocrinien, favorisant la reprise de la production d'hormones. Ainsi, février et mars sont les deux mois les plus denses en rapprochements, générant les pics de naissance que l'on connaît, deux mois plus tard, en, avril et mai.

Il n'est pas question pour nous autres humains de limiter notre sexualité à une seule période de l'année. Comme nous l'avons déjà établi, celle-ci ne se borne pas à des fins reproductives, et tout un chacun peut prétendre à entretenir des rapports réguliers quelle que soit la durée journalière d'ensoleillement. Néanmoins, on sait que les trois mois d'été sont favorables à l'expression d'une libido plus franche, plus directe, plus épanouie.

Ce qui nous intéresse dans la vie amoureuse féline, c'est la ritualisation des rapports, et le souci de synchroniser, notamment par la vertu du marquage chimique et des phéromones, le désir que mâles et femmes ont les uns des autres.

**Les rendez-vous :** chez les couples dont la sexualité est défaillante, la plupart des sexologues préconisent d'instaurer des rituels de rendez-vous intimes. Plutôt que d'attendre que le désir survienne de manière spontanée, en réalité de façon tout à fait aléatoire, ils conseillent l'instauration de rendez-vous, fixés par avance, et permettant à chacun de faire monter progressivement l'attente, les fantasmes, et ce faisant le désir de l'autre. Pour que cela porte ses effets, ces « cinq à sept » ritualisés doivent sacrifier à deux conditions : ne pas être trop rapprochés, à l'instar des rencontres entre chats ; être fixés de préférence en un lieu extérieur au cadre de vie quotidien, trop balisé et connu pour être encore érotisé. Rencontre à l'hôtel, week-end en chambre dans une auberge à la campagne, retrouvailles dans un sauna libertin… La palette des rendez-vous possibles est aussi vaste que votre imagination, et que les terrains de jeu de nos amis à moustaches.

**La synchronisation :** ce point est la conséquence directe et vertueuse du précédent. En effet, ce qui plombe le plus sûrement l'intimité d'un couple, c'est le hiatus entre le désir des deux partenaires. En fixant par avance un temps et un espace commun, on permet à chacun de parvenir au même niveau d'excitation que l'autre. Et si cela ne suffit pas, l'attente autorise quelques jeux préliminaires (échange de messages ou de sous-vêtements odorants, défis et gages, etc.) qui pallieront d'éventuels retards au démarrage.

N'oubliez pas non plus que chattes et chats ne font pas reposer leurs rencontres sur la seule magie des phéromones, ou sur le hasard. Les appels de la femelle, et la réponse tout aussi sonore du mâle, constituent des messages très clairs. Vous aussi, vous devez apprendre à verbaliser votre désir, et ne pas seulement espérer que votre partenaire le détecte, à tel ou tel signe, plus ou moins facile à décrypter. «J'ai envie de toi»: les miaulements félins ne sont guère plus subtils que cela, mais au moins ont-il le mérite de porter le message voulu à son destinataire, avant que la tension sexuelle ne retombe.

## Moi aussi, je parle chat

Comme nous l'avons déjà vu au cours des pages précédentes, les chats sont maîtres dans l'art de moduler leur organe vocal pour transmettre des messages de nature très diverse, en particulier dans le cadre de leurs amours. À votre tour, que vous soyez homme ou femme, essayez d'énoncer les phrases types ci-contre selon quatre inflexions différentes. Les prochaines fois que vous serez en présence de votre partenaire, dites celle de votre choix avec le ton qui vous semble le plus de nature à éveiller ses sens. En fonction de la réaction obtenue, plus ou moins favorable, notez le résultat de un à cinq.

| H | Voix grave | Voix murmurée | Voix « souriante » (souriez en l'énonçant) |
|---|---|---|---|
| Elle te va bien, cette robe. | /5 | /5 | /5 |
| Tu es très belle. | /5 | /5 | /5 |
| Je t'aime. | /5 | /5 | /5 |
| J'ai envie de toi. | /5 | /5 | /5 |
| .......... | /5 | /5 | /5 |

| F | Voix douce | Voix murmurée | Voix « souriante » (souriez en l'énonçant) |
|---|---|---|---|
| Il te va bien, ce blouson. | /5 | /5 | /5 |
| Tu as super bonne mine. | /5 | /5 | /5 |
| Je t'aime. | /5 | /5 | /5 |
| J'ai envie de toi. | /5 | /5 | /5 |
| .......... | /5 | /5 | /5 |

## Proverbe félin (pour éclairer l'humain) :

*La sexualité n'est rien sans l'érotisme, toutes ces choses que l'on fait et que l'on dit avant.*

# IV- Généreux

Oui, oui, vous avez bien lu : généreux ! Je sais que l'emploi d'un tel qualificatif, s'agissant du chat, cet animal si indépendant qu'on a tôt fait de le dire égoïste, en surprendra plus d'un. Et pourtant, à sa manière, si différente de l'exubérante amitié que le chien prodigue à l'homme comme à ses semblables, le chat fait preuve d'une générosité sincère et profonde. Elle est sans doute moins démonstrative, plus difficile à percevoir ou à décoder, et pourtant elle est bien là, peut-être plus constante que chez d'autres espèces.

Je dirais même que sa générosité est à la mesure inverse de cette image si peu altruiste qu'il donne de lui. Simplement parce que nous tendons à confondre les termes indépendant et asocial. Faut-il vous rappeler que cet animal est domestiqué par l'homme depuis plusieurs millénaires ? Et qu'il n'y a guère plus de chats errants dans nos villes ou nos campagnes que de chiens ? Si les chats ne voyaient en nous que des pourvoyeurs de toit et de nourriture, se montreraient-ils si attentifs à nos moindres réactions ?

-10-

# Manifester sa gratitude

Comme tout animal domestique, le chat vit aux crochets de son maître. De caractère indépendant, il n'en demeure pas moins tributaire de la prodigalité et des soins que l'humain qui l'accueille chez lui veut bien lui apporter. Il ne faut pas compter sur lui pour aller travailler et subvenir à ses besoins, comme à ceux du reste de la famille, comme s'amusait à le dire le groupe comique Les Nuls, dans l'un de leurs détournements publicitaires restés célèbres :

*« Mais si on leur demandait, aux chats, ils achèteraient Kwiskas. Il se lèveraient sur leurs petites pattes, ils se bougeraient le cul et ils iraient acheter du Kwiskas. Au lieu de ça, les chats ils dépensent leur pognon au baby-foot, ils passent leur temps à fumer des pétards et à grimper au plafond. Les chats, c'est vraiment des branleurs. »*

Ceci établi, deux attitudes sont envisageables : la gratitude, ou l'indifférence. Jamais un poisson rouge ne vous remerciera pour sa ration quotidienne de nourriture ; jamais un cochon d'Inde ne vous exprimera sa reconnaissance après que vous avez nettoyé sa cage… Le chat, lui, manifeste son contentement de multiples façons, et à chaque fois ou presque que vous vous occupez de lui.

Comment ? En priorité grâce à cette étonnante faculté qu'il a de ronronner. Ah, le ronronnement, cette étrange manifestation sonore dont, aujourd'hui encore, aucun chercheur n'a réussi à établir l'origine de manière certaine.

Sachant que les félins ne possèdent pas d'organe spécifique au ronronnement, les hypothèses sur la manière dont cette phonation spécifique sont nombreuses. La plus répandue, confirmée en partie par un électromyogramme des muscles du larynx chez les chats, suppose que le ronronnement est provoqué par une contraction très rapide des muscles du larynx ce qui comprimerait et dilaterait la glotte, et causerait une séparation brutale des cordes vocales. Ces dernières, ainsi malmenées, seraient donc à l'origine de ce bruit surprenant, audible jusqu'à trois mètres à la ronde, en particulier lors de l'inspiration, qui correspond à une production sonore plus intense.

Un autre sujet de débat est la fonction exacte du ronronnement pour le chat. Car l'expérience prouve que celui-ci ne ronronne pas uniquement lorsqu'il semble content ou apaisé. Il arrive qu'il produise ce même type de vocalisation lorsqu'il est, au contraire, en situation de stress, d'angoisse, de douleur ou d'urgence. Ainsi, certains considèrent que le chat ronronne en priorité pour se conforter et se rassurer lui-même, dans une sorte de mécanisme d'autoguérison, activant les défenses de son organisme. D'autres croient au contraire que le chat a développé cette faculté au contact de l'homme, dans le but exclusif d'entrer en communication avec son maître bienveillant, et pour le remercier de l'attention qu'il lui porte.

Ce dont on est sûr, en revanche, c'est que le ronronnement naît au contact de la mère. En effet, dès le deuxième jour suivant sa naissance, le chaton commence à ronronner alors qu'il pétrit les mamelles de sa génitrice avec ses pattes antérieures. Ainsi, le message véhiculé par son doux ronron serait-il avant toute chose adressé à sa mère. Et, parvenu à l'âge adulte, en ronronnant sur vos genoux ou sous vos caresses, le chat ne ferait rien d'autre que de manifester sa reconnaissance à la mère de substitution que vous êtes devenu pour lui : celui qui le nourrit, celui qui le protège, celui qui lui offre affection et bienveillance, etc.

## Pourquoi devenir « chat » à mon tour ?

Les plus vieux et les plus cinéphiles d'entre vous se souviennent peut-être du personnage incarné par Jean-Luc Bideau dans la comédie culte de Patrick Schulmann *Et la tendresse bordel*. Amant tyrannique, il met au défi sa jeune maîtresse de parvenir à ronronner tel un chat. Après de multiples tentatives, à la toute fin du film, celle-ci y parvient enfin, à la stupéfaction de son « maître ».

Voilà pour la fiction. Dans la réalité, il n'est pas question de vous transformer en chat ronronnant. Que peut-on en retenir cependant ?

**La gratitude ne souffre pas d'exception:** c'est l'une des grandes leçons de l'attitude féline. Le chat ne remercie pas quand il y pense, ou quand le cadeau mérite une gratitude exceptionnelle. Le chat remercie tout le temps. Les esprits chagrins pourraient presque dire qu'il remercie comme il respire — ce qui est d'autant plus juste que le ronronnement est lié à sa respiration, voir précédemment — et de manière indifférenciée, presque automatique. Disons plutôt qu'il manifeste son contentement en toutes occasions, mais avec une intensité variable selon les circonstances.

Ce systématisme, même s'il peut paraître peu sincère, a néanmoins quelques vertus: partant du principe qu'il est plus agréable de faire plaisir à quelqu'un qui se montre satisfait, le ronronnement du chat est si gratifiant pour son maître que ce dernier ne rechigne pas à le contenter.

Vous aussi, ne soyez pas avare de vos «mercis», quelle que soit la façon dont vous usez pour les exprimer: merci verbalisé, baiser, caresse, sourire, attitude apaisée... ou un mélange de tout cela. À l'image du chat, n'en faites pas trop non plus. Le ronronnement est un merci discret, calme, presque en sourdine. D'autant plus porteur de sens qu'il s'intègre naturellement dans la communication entre le chat et son maître. Si vous exprimez votre gratitude de manière trop spectaculaire, vous mettrez probablement celui qui vous a accordé cette faveur dans une forme d'embarras. Remerciez donc avec légèreté, mais faites-le souvent.

**La gratitude est d'autant plus appréciée qu'elle précède le don:** c'est ce que font certains animaux domestiques lorsqu'ils «fêtent» le retour de leur maître. Ils ne le remercient pas pour un acte donné, mais simplement pour le bonheur de le retrouver, là, à leurs côtés. Alors, sans faire des bonds partout ni remuer la queue, apprenez vous aussi à montrer votre joie de côtoyer vos proches, spontanément, gratuitement, sans contrepartie passée ou à venir. Si vous faites la tête en rentrant à la maison, ou si vous accablez votre conjoint de reproches à peine le seuil passé, il est évident que la soirée qui suivra sera chargée de tensions. À l'inverse, un accueil bienveillant désamorcera naturellement, et sans forcer, la plupart des conflits latents. Certes, cela ne résout pas tout, mais peut permettre de prévenir des accrochages inutiles et qui, à la longue, minent la communication du couple ou de la famille.

## Exercice pratique de félinité (1) : Maîtriser son timbre et son discours

Le ronronnement du chat se situe, dans la gamme des fréquences sonores, autour de 20 Hz. Une fréquence basse, un son grave et doux, synonyme pour nous de calme et de sérénité. À défaut de reproduire ce son si mystérieux, vous pouvez tenter de reproduire ses effets, grâce au travail effectué sur votre propre voix. S'il est parfois difficile de déterminer ce qui plaît dans un timbre donné, il est en revanche assez aisé de pointer les facteurs sources d'agacement, voire de rejet :

- un placement de voix trop aigu,
- un débit trop rapide,
- une voix trop chantante, et une modulation qui part vers le haut en fin de phrases, comme si chacune d'entre elles était une question.

Si vous identifiez ces travers chez vous, tentez de les corriger en reprenant à voix haute certaines assertions courantes, au moment des retrouvailles quotidiennes.

Au besoin, enregistrez-vous pour bien saisir les nuances de votre timbre.

Sur le fond, au moment de revoir votre conjoint, essayez de ne pas le harceler de questions. Vous mesurez vous-même à quel point le débordement affectif d'un chien qui vous accueille peut être envahissant. Optez pour le mode *piano* du chat, et limitez-vous à une ou deux interrogations, sans insister si votre moitié se montre rétive.

## Exercice pratique de félinité (2) : Libérer ses gestes

Souvent, parler n'est pas le meilleur moyen de manifester sa joie de revoir l'autre. Si vous sentez que les mots sont de trop, que votre partenaire n'est pas enclin, à ce moment-là, à une communication verbale, privilégiez les gestes, comme le chat qui vient se frotter doucement à vos jambes pour exprimer son bonheur de vous voir. Là encore, tout est question de mesure. Vos gestes ne doivent être ni trop longs, ni trop appuyés, ni trop invasifs. Il ne doit pas s'agir d'un « pelotage » en règle, mais juste de quelques caresses légères, presque furtives, qui doivent vous permettre de vous reconnecter physiquement avec votre moitié :

- passez une main sur sa nuque,
- enroulez une main autour de sa taille,
- posez une main dans son dos et effectuer un massage léger,
- prenez-le ou la dans vos bras pour une accolade plus ou moins brève,
- caressez sa joue du revers de votre main.

Personne, pas même le plus harassé ou excédé d'entre nous, ne peut rester insensible à ce type de manifestations de tendresse. Accompagnées d'une voix et d'un débit calés sur un registre apaisant (voir plus haut), elles agiront de manière aussi favorable que les câlins ronronnant de votre chat sur vous.

## Mon chat, mon maître…

Apprendre de son chat, c'est bien, apprendre *avec* son chat, c'est encore mieux. Vous êtes de fort mauvaise humeur ? Si votre chat est à proximité, et dans de meilleures dispositions que vous, allez donc le caresser quelques instants. En principe, s'il est bien luné, il ne devrait pas tarder à manifester son contentement en ronronnant.

Or, vous l'avez sans doute remarqué, le ronron de son chat, c'est comme les chips ou les cacahuètes : plus on en a, plus on en veut. Poursuivez donc votre séance de câlins en exprimant à votre tour toute l'affection que vous lui portez : ton légèrement bêtifiant, flatterie, caresses des zones les plus réactives (joues, gorge, nuque, bas du dos, queue), etc. Il n'en ronronnera que de plus belle, et vous constaterez vite que quelques minutes de cet échange auront suffi à chasser en partie la tension ou la colère qui vous habitait.

## Proverbe félin (pour éclairer l'humain) :

*Aucune tension entre nous ne résiste à une voix douce et une caresse légère.*

-11-

# Partager ses conquêtes

Au nom de sa soi-disant indépendance, on fait généralement au chat un procès en avarice qui, à la lumière de l'observation et des faits, ne tient pas. C'est même tout le contraire. Certes, les félins sont les gardiens jaloux de leur territoire. Mais une fois qu'ils y ont admis l'un de leurs congénères, ou bien le représentant d'une autre espèce, il n'y a pas plus partageurs que nos amis les greffiers.

Cela commence par la gamelle. En effet, dès lors que la cohabitation est établie et dûment validée par l'autorité suprême du lieu, qu'il s'agisse de son maître ou du doyen dans un groupe vivant à l'état sauvage, tout chat est susceptible d'accepter une répartition équitable des ressources entre lui et les autres. Cette relative souplesse sociale vient du fait que les notions de domination et de hiérarchie sont peu présentes dans les communautés félines. Celles-ci s'organisent plutôt sur une succession de compromis ponctuels, de tests répétés quant à l'autorité et au rôle de chacun, et un réel opportunisme. Si un espace demeure vacant, le chat restant l'occupera sans hésiter. Mais, contrairement au chien, il ne développera pas une stratégie de conquête reposant sur la lutte ou la prise de pouvoir par la force.

Ceci étant dit, il est intéressant de constater que le chat, même domestiqué, éprouve le besoin de partager ses trophées et ses conquêtes. Tous les propriétaires de chats ayant accès à l'extérieur ont déjà eu droit à une souris morte glissée dans leurs chaussons, ou un moineau encore chaud déposé sur le paillasson de l'entrée. Le langage populaire parle de « cadeaux ». En réalité, sans faire offense à la générosité de l'espèce, ce ne sont pas là de vrais présents désintéressés. La première fonction de ces offrandes est en réalité le stockage de denrées alimentaires, produits de leur chasse, pour pallier un manque éventuel de nourriture. La seconde, plus altruiste, est une sorte d'hommage qui est fait au maître (humain) des lieux, auquel le chat distribue ce qui lui apparaît comme sa part légitime du butin.

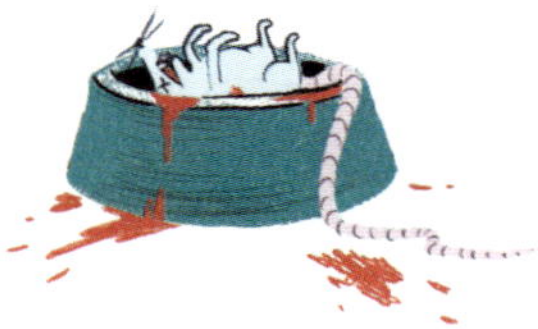

## Pourquoi devenir « chat » à mon tour ?

Ah, vraiment, on aimerait que certains patrons de grandes entreprises ou autres barons de la finance soient plus « chat » dans leur tempérament et surtout dans leurs pratiques. Hélas, trois fois hélas, l'idée selon laquelle chacun doit obtenir une part équitable du gâteau, c'est-à-dire du produit des efforts du groupe, n'a jamais été autant mise à mal dans les sociétés humaines. Les scandales à répétition sur la rémunération des grands patrons du CAC 40, ou ceux concernant les licenciements massifs dans des entreprises largement bénéficiaires, en sont de bien tristes illustrations.

De ce point de vue, la relative harmonie qui règne dans les tribus de chat, permet de tirer les enseignements suivants, s'agissant des équilibres à trouver dans nos propres communautés qu'elles soient professionnelles, familiales, associatives, etc.

**Rétribuer justement :** c'est aucun doute la mère de toutes les sagesses concernant la gestion d'un groupe d'intérêts communs. À savoir que ceux-ci doivent être partagés de manière juste. Bien sûr, il n'est pas question de niveler les rétributions et autres avantages, et de ne donner exactement la même chose à chacun sans tenir compte des responsabilités et de la charge spécifiques des uns des autres. Mais il n'est pas possible non plus de laisser cette répartition à la merci de la convoitise inextinguible d'une minorité. Pour éviter les rancœurs et désamorcer les conflits, il faut aussi aplanir les injustices les plus flagrantes.

**Impliquer chacun:** la seconde vertu d'une juste redistribution, c'est l'implication de chacun dans le projet commun. Il est impossible de motiver chacun quand certains nourrissent une aigreur tenace quant à leur niveau de «rémunération». Les expériences d'actionnariat salarié ont prouvé que les employés d'une entreprise s'investissent d'autant mieux dans leur travail qu'ils y trouvent un intérêt personnel, et (quasi) immédiat.

**Respecter les singularités et les ambitions:** les chats ont bien compris que la cohésion du groupe ne reposait pas nécessairement sur un alignement de tous. Au contraire, c'est en respectant l'autonomie, l'initiative, et la liberté de mouvement de chacun, que celui-ci peut survivre. Il n'y a pas d'effet de «meute» chez les chats, comme il y en a chez les loups ou les chiens. Le souci premier de préserver ce bien commun qu'est le territoire suffit à maintenir une forme de solidarité.

## Exercice pratique de félinité : La part du pauvre

Cette coutume dite de « charité chrétienne » a disparu hélas des pratiques courantes depuis longtemps, mais on la retrouve encore parfois dans les familles de tradition musulmane. Elle consiste à toujours prévoir, sur un repas, une préparation culinaire donnée, ou plus largement une quelconque richesse, un écot qui sera mis de côté, et donné à celui ou celle de l'entourage amical ou familial qui en a le plus besoin.

Voici donc une démarche typiquement féline, et qu'il peut être bon de remettre au goût du jour. Allez, la prochaine fois que vous confectionnerez un gâteau, dépassez votre timidité naturelle et pensez à en porter une part à votre voisin. Vous verrez que les relations se détendent et se fluidifient, comme par enchantement.

## Mon chat, mon maître…

Apprendre de son chat, c'est bien, apprendre *avec* son chat, c'est encore mieux. Je vous l'accorde, donner ne serait-ce que quelques pièces à votre chat lui serait de peu d'utilité. En revanche, en prenant garde à respecter les interdits de son régime alimentaire (rien de sucré, de trop salé, ni de glacé, pas de laitages, etc.), vous pouvez prendre le pli de partager avec lui certains de vos aliments, comme il le fait avec vous du produit de sa chasse. Parce qu'il ne le réclame pas, ou moins bruyamment que le chien, on oublie que le chat est susceptible d'apprécier certains des mets dont nous nous délectons : miettes de poulet, de poisson gras (thon, saumon) et sans arêtes, de lapin ou d'abats, etc.

## Proverbe félin (pour éclairer l'humain) :

*Donner à chacun sa part, c'est donner à chacun sa place.*

-12-

# Partager les peines, propager son bien-être

Les amoureux des chiens abondent en anecdotes sur les marques incroyables d'empathie, et même d'affection, que ceux-ci peuvent prodiguer à l'homme. Chien qui se laisse mourir au décès de son maître, tel autre qui traverse un pays entier pour retrouver son compagnon humain, jappements assourdissants de celui qui se sent abandonné, etc.

On mentionne plus rarement les comportements félins dans ce qu'ils expriment de leur attachement à l'homme. Et pourtant, même si on les minore, on ne peut les passer sous silence. Les faits sont là : autant que les chiens, les chats sont capables de partager avec leurs maîtres les joies et plus encore les peines qui les affectent.

En effet, parce qu'il possède un odorat et une ouïe hors pair, le chat est capable de reconnaître les inflexions de voix ou les modifications chimiques (odeur, sudation, etc.) qui trahissent chez l'homme ses émotions : peur, angoisse, maladie, tristesse, etc. Véritable éponge sensorielle et émotionnelle, le chat est peu sensible au contenu du discours ou au motif de la détresse humaine, mais parfaitement capable d'en ressentir la manifestation, même silencieuse.

Il faut avoir vu un chat se coller contre un enfant malade pour le rasséréner, ou miauler de peur et de concert avec lui, pour comprendre de ce dont nous parlons ici. Pour vous livrer une petite anecdote plus personnelle, je dois d'abord préciser que, tous les mardis soirs, mon fils dort chez sa grand-mère, chez qui il passe sa journée du mercredi. Et tous les mardis soirs, alors que son lit est donc vide, notre chat Mimosa grimpe dans celui-ci — c'est un lit en mezzanine — fourre son nez dans le pyjama et l'oreiller de notre enfant à la recherche de son odeur, et pétrit inlassablement sa couette pour compenser son absence.

Mais le chat ne fait pas qu'absorber les émotions qui l'entourent. En retour, il sait dispenser cette sérénité qui émane de lui lorsqu'il est au repos. De nombreuses études ont prouvé que la présence d'un chat dans une famille améliore la santé de ses membres. Il réduit le stress, restaure le calme et la communication entre les habitants de la maison, et favorise le jeu. Par sa beauté, son élégance, l'esthétique de ses mouvements, il développe aussi chez les enfants, dès le plus jeune âge, un sens aigu du beau et du raffinement. « Dieu a créé le chat pour que l'homme ait un tigre à caresser chez lui », prétendait Victor Hugo.

Le chien est peut-être plus affectueux, plus joueur, plus expansif, mais aucun animal n'offre autant que le chat un sentiment de plénitude et de sécurité. Là encore, des tests en laboratoire ont démontré que la proximité physique avec un chat, le caresser ou tout simplement le contempler, a pour effet de ralentir le rythme cardiaque, et d'abaisser la pression artérielle. Comme si la nature n'avait pas été assez généreuse avec lui, le chat est en outre affublé de cet éternel sourire — d'autant plus flagrant de profil — dont la seule vision suffit parfois à nous réjouir, et à nous rendre le nôtre.

Quand on vous dit que vivre avec un chat fait réellement du bien… vous voyez que ce n'est pas un vain mot !

## Pourquoi devenir « chat » à mon tour ?

Il faut s'y résoudre, aucun de nous ne sera jamais aussi zen qu'un chat au repos. Aucun être humain ne saura jamais distiller comme il le fait ce cocktail unique de quiétude et de force, de maîtrise et de vivacité, de bienveillance et d'indépendance.

Ce que nous pouvons faire, en revanche, c'est tirer quelques préceptes de cette attitude qui, sous un aspect parfois distant, se révèle tout à fait débonnaire.

**Être à l'écoute :** n'envisagez pas ici ce terme dans sa seule acception auditive. Être à l'écoute c'est, plus largement, être capable de détecter et d'analyser tous les signaux émotionnels envoyés par ceux qui nous entourent. À l'instar du chat, cela suppose de moins se focaliser sur le fond du discours tenu par nos interlocuteurs, que sur les messages inconscients émis par leur corps : inflexions et débit de la voix, langage corporel, gestuelle, regards, odeurs, etc. En essayant progressivement de rattacher ces manifestations aux grandes familles d'émotions (peur, tristesse, joie, culpabilité, etc.) vous apprendrez aussi à préparer une réponse adaptée, et à accompagner, voire apaiser, celles-ci.

**Partager en silence:** ce qui nous fait un tel bien chez le chat, ce n'est pas qu'il répond à notre mal-être par des mots, mais qu'il absorbe benoîtement celui-ci, sans jamais chercher à nous conseiller ou à infléchir notre jugement. On a tous déjà éprouvé ce besoin de se confier sans être jugé. De même, pour acquérir la confiance de nos proches, faut-il apprendre à les écouter en silence, et à ne répondre à leur détresse que par notre seule présence physique, et les gestes éventuels dont nous l'accompagnons (prendre les mains, le bras ou l'épaule, embrasser, prendre dans ses bras, etc.).

**Synchroniser son état émotionnel:** les spécialistes du comportement le disent tous, pour nous sentir en phase avec notre interlocuteur, nous avons tendance à pratiquer le mimétisme. C'est pourquoi nous adoptons souvent les mêmes postures, expressions du visage ou gestes que celui qui nous fait face. Il capte notre effort de synchronisation, qui apparaît comme un désir de pacifier les rapports, et de trouver un terrain d'entente. Mais, comme les félins, nous pouvons aller plus loin encore en calant notre rythme respiratoire sur celui de notre vis-à-vis, ce qui a pour effet d'abaisser la fréquence cardiaque chez les deux parties, et d'imposer une forme de calme. Cette manière d'adopter le fonctionnement métabolique de l'autre est sans doute le biais le plus efficace pour faciliter la communication, et désamorcer les risques de tension.

## Exercice pratique de félinité : Sourire !

Les bienfaits du sourire ne sont plus à prouver. Une étude américaine a même démontré que les personnes souriantes vivaient plus longtemps que celles qui font constamment la tête : jusqu'à huit ans, et près de cinq ans d'espérance de vie supplémentaire en moyenne. Mais, quelle que soit la durée de son existence, sourire permet surtout de fluidifier ses rapports sociaux. Tous autant que nous sommes, nous nous tournons plus spontanément vers ceux et celles qui affichent un sourire. Or, sans pourtant arborer un rictus figé en permanence, sourire s'apprend :

- commencez par penser à une chose agréable, ou un peu amusante. Laissez naître le sourire sur vos lèvres, sans forcer,
- une fois ce sourire éclos, essayez de le maintenir, en conscience,
- tentez maintenant de le moduler : élargissez-le légèrement, mais toujours sans forcer. Si vous sentez qu'il vire à la grimace, revenez à la position initiale,

- après ces différentes variations, vous devez être en mesure d'établir un sourire «médian», suffisamment marqué pour être explicite, tout en restant naturel. Contrôlez l'effet dans un miroir,
- si le résultat vous plaît, essayez de le reproduire sur commande, puis de le tenir sur un laps de temps croissant : une minute, puis cinq minutes, puis dix minutes, etc.

# Mon chat, mon maître…

Apprendre de son chat, c'est bien, apprendre *avec* son chat, c'est encore mieux. On en parle peu, épatés que nous sommes par les si nombreuses modulations de sa voix, mais le chat communique aussi beaucoup avec ses yeux et son regard. Qu'il nous fixe comme une proie, les pupilles dilatées, au moment du jeu ; ou qu'il ferme ses yeux à demi, pour exprimer son bien-être ou son contentement.

Avec le temps, on peut apprendre à synchroniser son humeur sur celle de son chat en échangeant avec lui de longues œillades. Choisissez de préférence un moment où il est assis ou allongé, au repos, sans toutefois être plongé dans le sommeil. Faites-lui face, et commencez par capter son attention en plongeant votre regard dans le sien. S'il clôt légèrement les yeux, faites de même, autant que lui, et surtout aussi lentement que lui. Il est fort à parier qu'il appréciera votre effort de concordance, et qu'il vous en remerciera par un regard encore plus doux et bienveillant.

Proverbe félin (pour éclairer l'humain) :

*Ronronner de plaisir, c'est ronronner du plaisir que l'on donne à l'autre.*

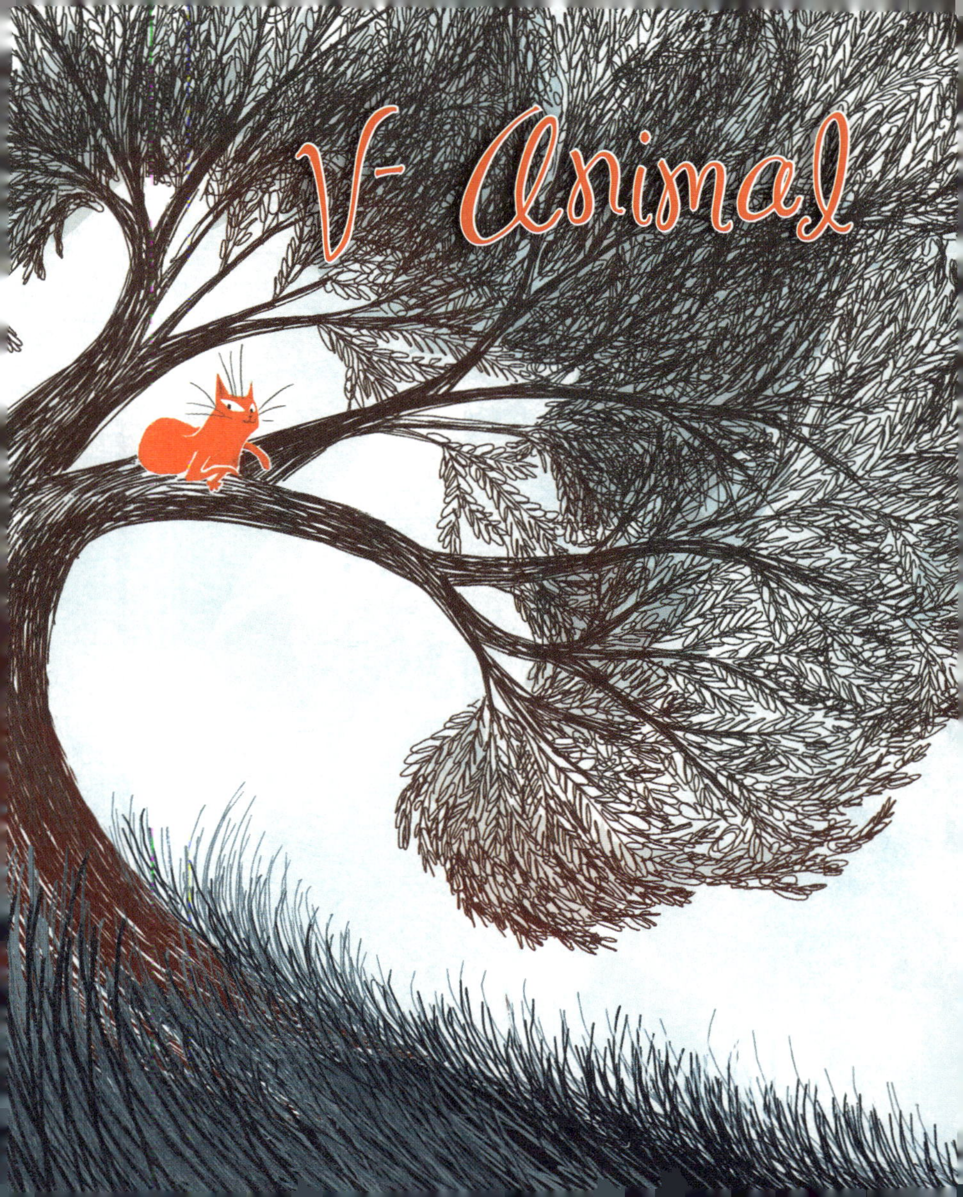
V- Animal

Il nous est si familier, si proche, il partage nos vies avec généralement tant de facilité et de bonheur, qu'on en oublierait presque que le chat est un animal… et non pas un homme comme les autres. Du chat pétri d'humour de Philippe Geluck aux chats facétieux de Jacques Faizant, en passant par les célèbres *Aristochats* de Walt Disney, les chats appellent toutes les projections et tous les anthropomorphismes. On leur trouve tour à tour tous les défauts, mais aussi toutes les qualités, que nous nous reconnaissons aussi à nous autres, humains.

Pourtant, animal il est, et animal il restera. À ce titre, le chat partage certaines attitudes et caractéristiques avec d'autres espèces qui, sans être spécifiquement félines, sont bien animales. De celles-ci aussi, nous pouvons nous inspirer potentiellement avec profit :

- Les animaux vivent dans le présent, et le présent seul. Ils ne sont pas obsédés comme l'homme par l'instant d'après, leur mortalité, ou la trace qu'ils laisseront pour la postérité : cela leur confère une capacité à vivre pleinement le présent, à se concentrer totalement sur ce qu'ils vivent, quand ils le vivent. Les animaux sont peu sujets aux hésitations, aux atermoiements, et au supplice de l'anticipation et des espoirs déçus. C'est pour eux une question de survie.

- Les animaux font prévaloir l'instinct et l'expérience acquise sur la « réflexion ». Ceci favorise leur rapidité de réaction, et les met à l'abri des états d'âme ressentis par l'homme. Pour un animal, le bon choix ne dépend pas de lui, le succès ou l'insuccès d'une entreprise ne repose pas sur ses seules épaules, mais sur les comportements acquis de son espèce depuis des millénaires, et qu'il se contente d'appliquer.
- Les animaux ne ressentent pas le sentiment d'échec. Leurs erreurs et leurs fautes ne sont que des aléas, des accidents sur un parcours dont ils ignorent l'issue, et dont ils se relèvent toujours, jusqu'à ce qu'ils s'écroulent pour de bon. Un animal ne gamberge pas ni ne ressasse.
- Les animaux sont comblés par la satisfaction de leurs besoins essentiels : se nourrir, se reproduire, élever leurs petits. Ils ne sont pas esclaves de leurs désirs, de leurs espoirs, et la réalisation toujours partielle et décevante de ces derniers. Un animal ne court après rien d'autre que sa survie à l'instant présent.
- Les animaux, hormis certaines espèces peu socialisées, placent toujours la préservation du groupe avant la sienne propre, qu'il s'agisse de protéger le clan, en particulier les petits, ou de se reproduire. Les projets ou ambitions personnelles, lorsqu'ils existent — on pense notamment aux combats entre mâles dominants, ou pour un territoire donné — ne se font jamais au détriment de la

communauté et de sa pérennité. L'animal la joue collectif, quand l'homme la joue le plus souvent perso.

- Les animaux trouvent toujours ou presque un moyen de s'adapter à leur milieu, ou aux modifications de ce dernier. Ils ne cherchent pas à façonner leur environnement à leur image, ou en fonction de leur besoin, mais à adapter leur mode de vie selon celui-ci. En cela, ils respectent mieux la nature que n'importe quel humain. Et ne cherchent pas à exploiter leur milieu plus qu'il n'est nécessaire à leur stricte survie. Ils ne sont ni avides ni gaspilleurs.
- Les animaux apprennent à lutter pour leur survie dès le plus jeune âge. Arrivés à l'âge adulte, ils ont à leur disposition tous les atouts et toutes les facultés nécessaires à celle-ci. Ils ne sont pas dans ce constant état de chantier, physique, émotionnel, psychologique, qui fragilise tant les humains.

# Annexes :

## Aphorismes et proverbes félins

*« Les chiens ont des maîtres, les chats ont des serviteurs. »*
Dave Barry

*« Les amoureux fervents et les savants austères / Aiment également, dans leur mûre saison, / Les chats puissants et doux, orgueils de la maison, / Qui comme eux sont frileux, et comme eux sédentaires. »*
Charles Baudelaire

*« Mieux vaut élever son esprit que des chats siamois. »*
Francis Blanche

*« J'aime les chats parce qu'il n'existe pas de chats policiers. »*
Jean Cocteau

*« Les hommes sont comme les chiens, ils viennent quand on les appelle. Les femmes sont comme les chats, il suffit de les appeler pour qu'elles s'en aillent. »*
Michel Galabru

*«Le chat est d'une honnêteté absolue : les êtres humains cachent, pour une raison ou une autre, leurs sentiments. Les chats non.»*

Ernest Hemingway

*«Tous les chats sont mortels, Socrate est mortel, donc Socrate est un chat.»*

Eugène Ionesco

*«On a remarqué que de tous les animaux, les femmes, les mouches et les chats sont ceux qui passent le plus de temps à leur toilette.»*

Charles Nodier

*«J'ai beaucoup étudié les philosophes et les chats. La sagesse des chats est infiniment supérieure.»*

Hippolyte Taine

*«Les chats sont des êtres faits pour emmagasiner la caresse.»*

Stéphane Mallarmé

*«Les femmes sont comme les chats qui retombent toujours sur leurs pattes.»*

Proverbe persan

*«Les chats sont là pour nous apprendre que sur terre tout n'a pas son utilité.»*

Garrison Keillor

*«Qui aime un chat aime tous les chats.*
*Qui aime son chien n'aime pas les autres.»*
Roland Topor

*«Il y a deux moyens d'oublier les tracas de la vie:*
*la musique et les chats.»*
Albert Schweitzer

*«Les chats semblent avoir pour principe que ça ne peut pas faire de mal de demander ce qu'on veut.»*
Joseph Wood Krutch

*«Le chat ronronne le présent. Le chat est toujours dans aujourd'hui… Le chat mijote et ne bout jamais. Le chat est un animal concentré, un poêle à combustion lente.»*
Paul Morand

*«Si l'on pouvait croiser l'homme et le chat, ça améliorerait l'homme, mais ça dégraderait le chat.»*
Mark Twain

# Quelques chats célèbres… qui ont inspiré la vie de leurs illustres maîtres écrivains

Parce qu'ils savent entretenir autour d'eux cette dose de mystère propre à fertiliser l'imagination de leur maître, les chats sont souvent l'animal de compagnie favori des artistes, et plus précisément encore des écrivains. Ceux-ci sont tant fascinés par le silence radieux, la paix affichée et l'énergie de ces tigres de poche, qu'on parle aujourd'hui du «chat de l'écrivain» comme d'une évidence, au même titre qu'on évoque sa plume, sa feuille blanche ou son clavier.

Voici donc une liste de quelques chats rendus célèbres par les écrits de leur maître et qui, à n'en pas douter, ont exercé une influence déterminante sur l'œuvre de ces derniers. Sans les chats, leurs ouvrages n'auraient pas forcément été moins bons, mais ils auraient été différents, à n'en pas douter…

**Belaud** / Joachim du Bellay
**Beppo** / Jorge Luis Borges
**Tiger** / Charlotte et Emily Brontë
**Beppo** / Lord Byron

**Bébert** / Louis-Ferdinand Céline
**Taki** / Raymond Chandler
**Micetto** / René de Chateaubriand
**Karoun** / Jean Cocteau
**Kiki la Doucette**, **Toune**, **Minionne** / Colette Adorno / Julio Cortázar
**Williamina** / Charles Dickens
**Le Docteur**, **Mysouff I**, **Mysouff II** / Alexandre Dumas
**Jellylorum** / T. S. Eliot
**Chopin** / Francis Scott Fitzgerald
**Hamilcar**, **Pascal** / Anatole France
**Gavroche**, **Éponine**, **Séraphita** / Théophile Gautier
**Poucet** / Julien Green
**Cobby** / Thomas Hardy
**Dillinger**, **Furhouse**, **Crazy Christian** / Ernest Hemingway
**Chanoine**, **Mouche** / Victor Hugo
**Marmoutte Blanche** / Pierre Loti
**Nigger Man** / H.P. Lovecraft
**Madame Vanity** / Montaigne Catarina / Edgar Poe
**Minou** / George Sand
**Hinse** / Walter Scott
**Louisa** / William Thackeray
**Zoroaster** / Mark Twain
**Mr Peter Wells** / H. G. Wells
**Topaze** / Tennessee Williams

**Dépôt légal : Octobre 2012**

Imprimé en République Tchèque en septembre 2012